Umwelthinweis: Gedruckt auf chlorfrei gebleichtem Papier

Herausgeber: Polyglott-Redaktion
Autorin: Margret Sterneck
Lektorat: Eckhard Zimmermann
Art Direction: Illustration & Graphik Forster GmbH, Hamburg
Illustrationen: Hanjo Schnug
Karten und Pläne: Annette Buchhaupt und Huber. Kartographie
Titeldesign-Konzept: V. Barl

Ergänzende Anregungen, für die wir jederzeit dankbar sind,
bitten wir zu richten an:
Polyglott-Verlag, Redaktion, Postfach 40 11 20, 80711 München.

Alle Angaben wurden sorgfältig geprüft. Dennoch kann eine Gewähr für Vollständigkeit und Richtigkeit nicht übernommen werden.

Zeichenerklärung

- Information
- Flugverbindungen
- Eisenbahnverbindungen
- Busverbindungen
- Schiffsverbindungen
- Campingplatz
- Öffnungszeiten
- Telefonnummer
- Faxnummer
- Hotel
- DZ pro Person ab 900 öS
- 400–900 öS
- unter 400 öS
- Restaurant
- Hauptgericht ab 240 öS
- 120–240 öS
- unter 120 öS

Routenpläne

- Route mit Routenziffer
- Autobahn, Schnellstraße
- sonstige Straßen, Wege
- Staatsgrenze, Landesgrenze
- National-, Naturparksgrenze

Stadtpläne

- Durchgangsstraße
- sonstige Straßen
- Fußgängerzone
- Fußweg

Erste Auflage 1995

Redaktionsschluß: September 1994

Printed in Germany
ISBN 3-493-62735-1

Routen durch das Salzburger Land

Route 1 — **Seenland Flachgau** S. 49

Salzburg – Mattsee –
Michaelbeuern – Salzburg
Ein Tagesausflug in das Paradies des Schriftstellers Carl Zuckmayer.

Route 2 — **Mondseeland und Attergau** S. 53

Salzburg – Mondsee – Attersee
Salzkammergut erster Teil: kulturträchtiger Boden, eingebettet in eine reizvolle Berglandschaft.

Route 3 — **Das Herz des Salzkammerguts** S. 56

Salzburg – St. Wolfgang – Bad Ischl –
Bad Aussee
Salzkammergut zweiter Teil: für Operettenfreunde, Kaisertreue und Wallfahrer.

Route 4 — **Alles über den Berg** S. 62

Salzburg – Hallein – Lammertal –
(Hallstatt –) Radstadt – Tamsweg –
St. Michael im Lungau
Eine Reise in den stillen Lungau.

Route 5 — **Die Salzach und ihre wilden Schwestern** S. 70

(Salzburg –) St. Johann – (Großarltal –
Gasteiner Tal – Rauriser Tal –) Zell am See
Von Thermalquellen und kalten Eisriesen.

Route 6 — **Am Steinernen Meer** S. 78

Bischofshofen – Dienten – Saalfelden
Ein landschaftlich bezaubernder Tagesausflug in eine Welt aus Stein – zum Wandern und Die-Seele-baumeln-Lassen.

Routen durch das Salzburger Land

Route 7

Die Saalach – Kraftmeier in den Kalkalpen S. 80

Zell am See – Lofer – Salzburg
Klammen und Höhlen sorgen in dem Wandergebiet für viel Abwechslung.

Route 8

Zum ewigen Eis – Die Großglockner-Hochalpenstraße S. 82

Zell am See – Heiligenblut
Die Königin unter den Panoramastraßen durch die Ostalpen. Ziel: der Großglockner.

Route 9

Von wilden und gezähmten Sturzbächen S. 86

Zell am See – (Kapruner Tal – Stubachtal –) Neukirchen – Krimml – Gerlos-Paß
Die Kraft des Wassers im Mittelpunkt.

Bildnachweis

Alle Fotos APA Publications/Jon Spall außer: Archiv für Kunst und Geschichte: 31/2. Fremdenverkehrsbetriebe der Stadt Salzburg: 17/2, 31/3. H. Hart: 13/1, 27/1, 27/2, 47,3, 63/3, 63/4, 67/1, 67/2. G. Jung: 1, 7/1, 13/2, 37/3, 55, 59/2, 59/3, 61/1 61/3, 67/3, 85/1, 85/4. Nationalpark Hohe Tauern: 11/1, 11/2, 11/4, 73/1, 83/2, 85/2. PhotoPress/Maier: 19/1, 19/2, 63/1. PhotoPress/Rose: 7/3, 9/3, 77, 83/1, 85/3. PhotoPress/Sève: 57/3. Salzburger Land Tourismusgesellschaft m. b. H.: 7/1, 17/3, 25/1, 25/2, 53/2, 71/1, 79/2, 81. Tauernkraftwerke: 13/3, 87. Mauritius/Pigneter: Umschlag. Bernd Ducke/Superbild: Umschlag (Flagge).

Editorial

Salzburg – bei diesem Namen denkt man an Festspielbesucher in kostbaren Abendroben, ein harmonisches Ensemble würdiger Häuser, aus denen barocke Kirchtürme und eine trutzige Burg herausragen, Schaufenster voller Mozartkugeln und das Geburtshaus des Komponisten, dessen Name diesem Salzburger Naschwerk zu einem Siegeszug um die Welt verhalf.

Freilich ist Salzburg längst nicht mehr der verträumte Ort, als der er zu Anfang des 20. Jhs. Literaten und Künstlern erschien. Heute fließt tagtäglich ein gewaltiger Besucherstrom durch den Altstadtkern wie durch ein Freilichtmuseum. Um neben allen kulturellen Schätzen Salzburg auch im rechten Licht zu sehen, hilft nur eines: sich Zeit nehmen und warten, bis die Tagestouristen zu ihren Bussen, die Theaterbesucher in die Vorstellungen eilen, die Straßen und Plätze ruhiger werden und im goldenen Licht der untergehenden Sonne versinken.

Der Name Salzburg gehört freilich der Landeshauptstadt und dem Bundesland gemeinsam. Landschaftlich bietet das Salzburger Land eine reiche Vielfalt vom sanft gewellten Flachgau über die Berg- und Seenwelt des Salzkammerguts bis zu den Gletscherregionen der Tauern. Hier wurde der Urlaub regelrecht erfunden, als im 19. Jh. der Adel und betuchte Bürger der Hitze ihrer Stadt entflohen, um auf dem Land die „Sommerfrische" zu genießen. Heute schätzt man all das wieder, was sie einst geboten hat: eine unverfälschte Natur, klare Seen, ländliche Ruhe und nicht zuletzt eine regionale Küche, die auch dem Gaumen Urlaub vom alltäglichen Einerlei verspricht. Manches davon hat sich im Salzburger Land erhalten oder wurde wiederbelebt. Viel Spaß beim Entdecken!

Der Winter in der Festspielstadt: Zeit für Adventsingen und Christkindlmärkte.

Salzburger Folklore: die Lederhose.

Schiffsrundfahrt auf dem Hallstätter See.

Die Autorin

Margret Sterneck wuchs in Österreich auf und studierte in München Kunstgeschichte, Geschichte und Germanistik. Seit 1985 arbeitet sie als Verlagslektorin und Autorin.

Neue, alte Sommerfrische

„Hier mußte Mozart geboren werden", urteilte Hugo von Hofmannsthal – im Herzen Europas, in der geographischen wie kulturellen Mitte zwischen Süd und Nord, Berg und Ebene, Ländlichem und Städtischem. Künstlervolk fühlte sich hier stets zu Hause, und wer hier nicht Kindheit und Jugend verbrachte wie Wolfgang Amadeus in Salzburg oder Thomas Bernhard in Henndorf, wollte wenigstens Sommergast sein wie im 19. und 20. Jh. ganze Generationen von Malern, Komponisten, Schriftstellern und Schauspielern. Daß sich im Salzburger Land auch in früheren Zeiten gut leben und inspiriert arbeiten ließ, verraten die vielen kulturellen Schätze, die über das ganze Land verteilt sind: Wann immer der Landesherr des geistlichen Fürstentums mit einem Auftrag lockte, waren Baumeister, Stukkateure, Bildhauer und Maler gern zur Stelle.

Im Zeichen eines modernen Tourismus sind es heute freilich nicht nur Kunst und Natur, die ins Salzburger Land locken. Aktiver Urlaub heißt das Zauberwort: Ob geführte Bergwanderungen und Klettertouren im Nationalpark Hohe Tauern, wilde Riverrafting-Abenteuer, eine erfrischende Dusche in der Gischt dramatischer Klammen und Wasserfälle, sanftes Dahinschweben im Heißluftballon oder Hängegleiter – hier ist der Alltag schnell vergessen, in der neuen, alten Sommerfrische.

Lage und Landschaft

Das Bundesland Salzburg grenzt im Norden an Oberösterreich, im Osten an die Steiermark, im Süden an Kärnten, Osttirol und (in den Krimmler Tauern) an Südtirol, im Westen an Tirol und an Bayern.

Das Land gliedert sich von alters her in fünf Gaue. Der *Flachgau* besteht aus dem Salzburger Becken, einem Teil des sanfthügeligen Alpenvorlands, und aus dem Salzburger Anteil am viel besungenen Salzkammergut, der allerdings nur 12 % des berühmten Seengebietes ausmacht (s. S. 58). Freilich ist das Salzkammergut geographisch, verkehrstechnisch und touristisch so eng mit Salzburg verknüpft, daß dieser Reiseführer nicht an den Grenzen des Bundeslandes halt macht, sondern auch ins Oberösterreichische und Steirische hinüberblinzelt.

Das Salzachtal zwischen Hallein und Golling sowie das Tennen-Gebirge mit dem Lammertal wurden 1896 durch Regierungsbeschluß ein eigener Gau. Der *Tennengau* ist damit der jüngste und kleinste im Bunde.

Nicht viel größer ist der *Lungau,* ein von hohen Gebirgszügen umgebenes Hochbecken, das sich nur nach Osten

Steckbrief Salzburger Land

Fläche: 7154 km² (= 8,5 % des österreichischen Staatsgebietes)
Einwohner: 491 000 (= 6,2 % der Gesamtbevölkerung Österreichs)
Bevölkerungsdichte: 69 Einw./km²

Die größten Städte:
Salzburg Stadt 144 000 Einw.
Saalfelden 12 600 Einw.
Hallein 17 000 Einw.
Bischofshofen 10 000 Einw.

Beschäftigte:
Land- und Forstwirtschaft: 8 %
Industrie, Gewerbe, Elektrizität: 33 %
Dienstleistung und Handel: 59 %

zur Steiermark hin öffnet und von Salzburg aus über die Tauernautobahn oder über den Radstädter Tauernpaß zu erreichen ist.

Im Westen schließt sich der *Pongau* an. Früher war er bedeutend wegen seiner Goldfunde. Auch heute noch kann man sein Glück beim Goldwaschen im Rauriser Tal versuchen.

Weiter im Westen liegt der *Pinzgau*, vom Salzachtal in westöstlicher Richtung durchschnitten. Im Norden umfaßt er das Saalachtal bis zur Landesgrenze, im Süden endet er an einer Kette von Dreitausendern. Der höchste auf Salzburger Seite ist der *Großvenediger* (3674 m).

Zwar liegt der höchste Berg Österreichs, der Großglockner (3797 m), bereits auf Kärntner Boden, doch der Pinzgau kann sich damit trösten, daß das längere Stück der berühmten Großglockner-Hochalpenstraße auf seinem Boden verläuft.

Winter im Salzburger Land – nicht die schlechteste Reisezeit.

Klima und Reisezeit

Das Land Salzburg hat ein mitteleuropäisches Übergangsklima. Der Alpennordrand ist feuchtkühl, denn atlantische West- und Nordwestwinde bringen zu allen Jahreszeiten feuchte Luftmassen mit, die sich am Gebirgsrand stauen, abkühlen und dann als Regen oder Schnee niedergehen. Der „Salzburger Schnürlregen" ist zu einem feststehenden Begriff geworden; trotzdem gehört Salzburg nicht zu den niederschlagsreichsten Gebieten Österreichs.

Das alpine Klima innerhalb der Alpen ist gekennzeichnet durch kurze, trotz Sonnenschein relativ kühle Sommer und lange Winter mit viel Schnee. Der niederschlagsärmere Lungau mit seinem von Gebirgen umschlossenen Hochplateau weist ein kontinentales Klima auf mit kalten Wintern und kurzen Sommern, aber sehr viel Sonne das ganze Jahr über. Mariapfarr ist der sonnenreichste Ort Österreichs.

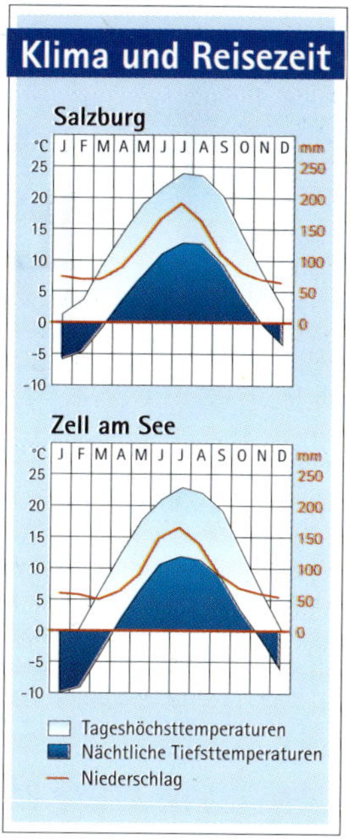

Juni, Juli und August sind die besten Reisemonate, der Mai und der September versprechen den Bergwanderern freundliches und beständiges Wetter.

Natur

Salzburg kann von den Flachmooren und Flußauen des Flachgaus über die Almwiesen und Bergwälder bis in die Gletscherzonen des Pinzgaus viele Landschaftsformen mit ihrer jeweils typischen Fauna und Flora vorweisen. Auf einer wachsenden Zahl von Lehrpfaden wird der Wanderer über den Artenreichtum und die Charakteristika einer bestimmten Region unterrichtet. Im Nationalpark Hohe Tauern werden naturkundlich geleitete Wanderungen angeboten, die auch in geschützte Biotope führen. Im Rauriser Krumltal und im Hollersbachtal suchen sich die seltenen Gänse- und die wieder eingebürgerten Bartgeier an steilen Bergwänden ihr Sommerquartier. Auf der Großglockner-Hochalpenstraße durchmißt man in wenigen Stunden mehrere Klima- und Vegetationszonen: Wiesen, Wälder, Almböden, Latschen und Fels sowie ewiges Eis. Adler, Steinböcke, Gemsen, Schneehühner, Schneehasen und vor allem Murmeltiere sind hier in einer Höhe über 1300 m heimisch.

Bevölkerung

Beim Anblick der saftigen Wiesen und Felder des Flachgaus und der waldreichen Bergregionen mag es verwundern, daß nicht einmal 10 % der berufstätigen Bevölkerung (233 000) in der Land- und Forstwirtschaft beschäftigt sind. Rund ein Drittel arbeitet in Industrie, Gewerbe und Elektrizitätswirtschaft, und schon fast 60 % im Dienstleistungs- und Handelsbereich.

Der Nationalpark Hohe Tauern

Auf Salzburger Seite besteht der auch nach Kärnten und Tirol hinüberreichende Nationalpark seit 1983. Er umfaßt eine der vielgestaltigsten Landschaften Europas: mächtige Gebirge, überragt vom Großglockner (3797 m), dem höchsten Gipfel Österreichs, und dem Großvenediger (3674 m), bedeckt von weiten Gletschern und durchfurcht von kräftigen Gletscherbächen.

Die Krimmler Wasserfälle gehören mit einer Gesamthöhe der drei Fallstufen von 400 m zu den höchsten Fällen Europas. Die reizvollen Täler sind seit Jahrtausenden Kulturlandschaft, d. h. durch Besiedlung und Bewirtschaftung (v. a. Alm- und Waldwirtschaft sowie Bergbau) geprägt. Daher ist der Nationalpark in drei Zonen unterteilt: Die Kernzone umfaßt die Urlandschaft aus Felsen und Gletschern. Eingriffe in die Natur sind hier untersagt, mit Ausnahme von hegender Jagd, Alm- und eingeschränkter Forstwirtschaft. In den Sonderschutzgebieten um Großglockner und Edelweißspitze sind selbst diese Eingriffe verboten. In den Außenzonen wird die Landschaft kultiviert, d. h. Eingriffe im Rahmen der Land- und Forstwirtschaft dürfen vorgenommen werden.

Der Zugang zum Nationalpark ist generell erlaubt, ja erwünscht. Der Mensch soll nicht ausgesperrt sein, sondern von der Natur „lernen". Entsprechend groß ist die Zahl der Besucher, an seinen beiden Hauptattraktionen sogar viel zu groß. 1,2 Mio. besuchen jedes Jahr den Großglockner, 700 000 die Krimmler Wasserfälle, wobei das Hauptproblem darin liegt, daß heute zwar alle zurück zur Natur wollen, aber nur mit dem eigenen Auto, dessen Schadstoffe die Bergwelt stark belasten. Die Nationalparkgemeinden bemühen sich, umweltfreundliche Alternativen zum Auto anzubieten. Shuttlebusse und -taxis verkehren in der Feriensaison in den

Rund 80 % der Bevölkerung bekennen sich zum katholischen Glauben, 3,5 % zum protestantischen, der Rest verteilt sich auf andere religiöse Glaubensgemeinschaften und Konfessionslose. Der geringe Anteil der protestantischen Bevölkerung erklärt sich aus der Geschichte: In der Zeit der Gegenreformation wurden die Protestanten verfolgt und zum Glaubenswechsel gezwungen oder des Landes verwiesen. Die österreichische Bevölkerung spricht zwar – abgesehen von kroatischen, slowenischen, ungarischen und tschechischen Minderheiten in den jeweiligen grenznahen Gebieten – einheitlich die deutsche Sprache, das heißt allerdings noch lange nicht, daß man alles auf Anhieb versteht. Mundartliche Unterschiede bestehen nicht nur von Bundesland zu Bundesland, sondern auch von Landschaft zu Landschaft. Die Salzburger Dialekte gehören wie alle österreichi-

Tälern; Parkaufseher führen leichte bis anspruchsvolle Wanderungen durch und erklären Flora und Fauna, Geologie und Geschichte der Region; es gibt Demonstrationen alter Handwerkstechniken, Brauchtumsveranstaltungen, Ausstellungen und Informationsabende. Im Zusammenhang mit gemütlichen und gepflegten Gasthöfen, Pensionen und Bauernhöfen sowie einem gar nicht kleinen Freizeitangebot soll der Gast animiert werden, sich die Landschaft in Ruhe und Muße umweltbewußt zu erobern.

Kostenlose Informationen und eine Übersichtskarte zum Nationalpark Hohe Tauern sind zu erhalten bei folgenden Adressen: Ferienregion Nationalpark Hohe Tauern, Postfach 2, A-5722 Niedernsill, ☎ (0 65 48) 84 17, FAX 84 36, oder Nationalparkverwaltung, Nr. 306, A-5741 Neukirchen am Großvenediger, ☎ (0 65 65) 65 58-0, FAX 65 58-18.

Der Großvenediger – höchster Berg im Salzburgischen.

Die alpine Flora ist hart im Nehmen.

Die Tradition gilt etwas bei den Einheimischen.

Viel Handarbeit: Bergbauer im Salzburger Land.

schen (bis auf die alemannische Mundart in Vorarlberg) zur bairisch-österreichischen Mundart.

Brauchtum

Die meisten alpenländischen Bräuche haben einen heidnischen Ursprung und wurden in den christlichen Jahresablauf integriert. Sie symbolisieren in der Regel die Bitte um Fruchtbarkeit oder die Abwehr bzw. Austreibung böser Mächte. Am Dreikönigstag ziehen in vielen Orten des Pinzgaus und Pongaus *Perchten* durch die Straßen; sie personifizieren gute Geister (hellgekleidete und geschmückte „Schönperchten") oder böse Dämonen („Schiachperchten" mit schreckenerregenden Holzmasken). Im Salzkammergut sieht man schöne, glitzernde Masken, die „Glöckler". Durch Bad Aussee laufen am Faschingsmontag die *„Trommelweiber"* (freundliche Masken, angetan mit Schlafhauben und Nachtgewand), am Faschingsdienstag die *„Flinserl"*, deren Kostüme aus Leinen mit silberglänzenden Plättchen bedeckt sind.

Im Lungau werden (in Zederhaus am 24., in Muhr am 29. Juni) die 6 m, manchmal sogar bis zu 12 m langen, mit Blumenkränzen umwundenen *Prangstangen* in einem Umzug in die Kirche getragen, wo sie bis zu Maria Himmelfahrt (15. August) als Sinnbild des Lebens verbleiben.

Ein höchst sonderbares Wettschießen erlebt der Preber-See jedes Jahr am letzten August-Wochenende. Die angetretenen Schützen schießen nicht einfach auf eine Holzscheibe – das wäre ihnen zu billig. Sie zielen auf deren Spiegelbild im Wasser (s. S. 70).

Der Riese Samson

Ein besonderes Schauspiel bietet sich in einigen Lungauer Orten (Tamsweg, St. Michael, Muhr, Ramingstein, Lessach, Mariapfarr) am Fronleichnamstag oder an einem bestimmten Tag im Juni oder Juli, wenn der Riese Samson durch die Straßen „tanzt". Nur ein einziger Mann trägt, im hohlen Inneren versteckt, die bis zu 6 m hohe, um die 80 kg schwere Holzfigur. Sie ist mit einer Rüstung und Tunika bekleidet und hält in der einen Hand eine Lanze, in der anderen die Eselsbacke, mit der der biblische Samson die Philister zu Hunderten erschlug. Um seine Hüfte ist ein Krummsäbel gegürtet, auf dem Kopf sitzt ein Kriegerhelm. In Tamsweg und Mauterndorf begleiten zwei großköpfige Zwerge den Riesen auf seinem Zug. Sein Ursprung liegt bis heute im dunkeln. Die älteste Figur ist seit 1635 in Tamsweg bezeugt, doch vielleicht geht der Brauch in mythische Vorzeit zurück, als heidnische Riesenfiguren zum Schutz vor Ernteschäden bei Flurumgängen mitgetragen wurden. Heute ist der Samsonumzug ein Fest für das ganze Dorf. Musikkapelle und Prangschützen begleiten die Figur, die vor auserwählten Häusern haltmacht und einen Tanz aufführt. Vor Wirtshäusern bringt das einen willkommenen Erfrischungstrunk ein. Wird örtliche Prominenz mit einem Tanz geehrt, muß sie dafür ordentlich etwas springen lassen.

Wirtschaft

Nur noch ein Drittel der Bauern betreiben ihren Hof als Vollerwerb; die vielen Bergbauern müssen massiv vom Staat unterstützt werden. Lediglich im Flachgau sind die Milchwirtschaft und die Käsereien von einiger Bedeutung. So ist es kein Wunder, daß der Anteil der Land- und Forstwirtschaft am Bruttoinlandsprodukt schmale 2 % beträgt. Es führt das Dienstleistungsgewerbe mit 44 %, gefolgt von Handel und Fremdenverkehr mit 24 % sowie der Industrie und dem verarbeitenden Gewerbe mit 20 %. Das Baugewerbe nimmt 7 % ein, der Bergbau sowie die

Die Kraft des Wassers

Wo Gebirgsbäche tosend in die Tiefe stürzen und ein Fluß wie die Salzach sich auf 226 km kräftig durch das Land bewegt, dorthin richten sich die begehrlichen Blicke der Energiewirtschaft. Zwar zählt die Gewinnung der Energie aus Wasserkraft zu den saubersten und daher umweltfreundlichen, doch der Eingriff in die Natur ist schmerzlich. Salzburgs Kraftwerksbauten betrachtet man mit besonders zwiespältigen Gefühlen.

Einerseits wurden die Kraftwerksanlagen Kaprun (s. S. 86) mit ihren Hochgebirgsstauseen bislang schon von über neun Millionen Menschen wegen der technischen Leistung und der grandiosen Naturkulisse bewundert. Und im Führer zum Tauernradweg entlang der Salzach (s. S. 24) machen die Gesellschaften stolz auf die ufernahe Gestaltung am Rande ihrer Kraftwerksbauten – mit Biotopen, Fischtreppen und Seichtwasserbuchten – aufmerksam. Doch läßt sich andererseits nicht darüber hinwegtäuschen, daß sich schon eine beachtliche Zahl an Wehranlagen über die Salzach gelegt hat. Allein auf der 20 km langen Strecke von Schwarzach nach Pfarrwerfen sind es mit der Fertigstellung der beiden in Bau befindlichen bereits sieben Kraftwerke. Die frohgemute Versicherung der Gesellschaften, daß noch lange nicht alle Möglichkeiten ausgeschöpft seien, klingt in dieser Hinsicht eher wie eine Drohung. Doch im Gegensatz zum Jahr 1924, als das erste Großkraftwerk bei Fusch noch Probleme hatte, den erzeugten Strom auch loszuwerden, steigt eben heute der Bedarf an Energie von Jahr zu Jahr. Es liegt wohl auch an jedem einzelnen von uns, wieweit man die Kraft des Wassers noch ausschöpfen muß.

Der Riese Samson tanzt in einigen Orten des Lungaus.

Spektakel im Nachtgewand: die Bad Ausseer Trommelweiber.

Wasserfallboden und Mooserboden im Kapruner Tal.

Wasser- und Energiewirtschaft erwirtschaften 3 %.

Hallein ist der wichtigste Industriestandort im Salzburger Land. Der namenstiftende Salzbergbau am Dürrnberg wurde 1989 eingestellt; als touristische Attraktion fährt er aber immer noch Geld ein. Mit den Tauernkraftwerken Glockner-Kaprun entstand nicht nur eine leistungsfähige, sondern auch eine eindrucksvolle Anlage.

Der Fremdenverkehr stellt mit 24,3 Mio. Übernachtungen pro Jahr eine sehr wichtige Einnahmequelle dar.

Verwaltung und Politik

Die Republik Österreich ist ein föderativer Bundesstaat, in dem die neun Bundesländer Hoheitsrechte der Landesverwaltung und Landesgesetzgebung besitzen. Alle vier Jahre wird von der Landesbevölkerung der Landtag gewählt. Vorsitzender der Landesregierung ist der Landeshauptmann.

Traditionell vereint die Österreichische Volkspartei (ÖVP) bei Landtagswahlen den Löwenanteil der Stimmen und Mandate auf sich, wenn sie auch bei den letzten Wahlen Federn lassen mußte. Der Sozialdemokratischen Partei (SPÖ) geht es aber nicht besser. Von der Schwäche der Großen profitierten zuletzt die Freiheitliche Partei (FPÖ) und die Bürgerliste (Grüne).

Das Salzburger Land ist wie alle Bundesländer in Bezirke unterteilt: In Salzburg-Umgebung, Flachgau, Tennengau, Pinzgau, Pongau und Lungau führen die Bezirkshauptmannschaften die lokale Verwaltung. Innerhalb der Bezirke liegen die Ortsgemeinden mit einer Gemeindeverwaltung. Unter den 119 Ortsgemeinden Salzburgs sind 30 Marktgemeinden und vier Stadtgemeinden: Hallein, Radstadt, Zell am See und die Landeshauptstadt Salzburg, die zugleich Sitz der Landesregierung, der Bezirkshauptmannschaft Salzburg-Umgebung, des Stadtmagistrats und des Bürgermeisters ist.

Geschichte im Überblick

Am Mondsee siedelten schon in der *Jungsteinzeit* Menschen (1900–1700 v. Chr.)

In der *Bronzezeit* (1800–900 v. Chr.) wird Salzburg das Zentrum des mitteleuropäischen Kupferhandels. Das größte Bergwerk besteht auf dem Mitterberg bei Mühlbach am Hochkönig. In der *Hallstattzeit* (800–400 v. Chr.) tritt die Salzgewinnung an die erste Stelle. Mit dem Beginn der *La-Tène-Zeit* (400 v. Chr. bis Christi Geburt) wird der hallstättische Salzabbau von dem am Dürrnberg bei Hallein überflügelt, wo sich Kelten ansiedeln.

15 v. Chr. Das keltische Königreich Norikum wird römische Provinz.

Nach 488 ziehen sich die Römer aus der Provinz Noricum nach Süden zurück. Zu Beginn des 6. Jhs. lassen sich die Bajuwaren (Baiern) im Norden des Flachlandes nieder.

Um 696 Der Wormser Bischof Rupertus erhält als Schenkung vom Bayernherzog Theodo reichen Grundbesitz und die Stadt Salzburg. Dort legt er den Grundstein für den Aufstieg des Klosters St. Peter zum Zentrum der Slawenmission.

739 Salzburg wird Bistum.

Im 9. Jh. entfaltet Salzburg eine rege Missionstätigkeit, die bis zum Plattensee reicht.

987 Erzbischof Friedrich I. hebt die Personalunion von Erzbischof und Abt von St. Peter auf; mit der Ämtertrennung erfolgt eine für St. Peter schmerzliche Gütertrennung.

996 Kaiser Otto III. verleiht Salzburg das Markt-, Zoll- und Münzrecht.

Um 1077 Erzbischof Gebhard ergreift im Investiturstreit, dem Machtkampf zwischen dem deutschen König und dem Papst, die Partei Papst Gregors VII. Zum Schutz gegen die Truppen König Heinrichs IV. läßt er die Burgen Hohensalzburg, Hohenwerfen und Friesach erbauen.

1166 Im Konflikt Kaiser Friedrich Barbarossas mit dem Papst stellt sich Salzburg erneut auf die Seite des Papstes. Der Kaiser verhängt über Salzburg die Reichsacht. Brandstifter legen die Stadt in Schutt und Asche.

1177 schließen Kaiser und Papst den Frieden von Venedig; Kardinal Konrad von Wittelsbach wird zum Erzbischof von Salzburg ernannt.

Um 1190 Wiederaufnahme des Salzbergbaus in Hallein. Er wird zur wichtigsten Einnahmequelle des geistlichen Fürstentums und damit eine Grundlage des wachsenden Wohlstandes von Salzburg.

1240 Eberhard II., Salzburgs bedeutendster Erzbischof im Hochmittelalter, verfällt als Parteigänger Kaiser Friedrichs II. dem Kirchenbann durch den Papst.

1328 löst sich Salzburg mit seinem Hinterland aus dem Verband des bayerischen Herzogtums. Erzbischof Friedrich erläßt die erste Salzburger Landesordnung.

1348/49 Die Pest in Salzburg! Ein Drittel der Stadt- und Landbevölkerung fällt ihr zum Opfer.

Ende des 14. Jhs. Salzburg erhält unter Erzbischof Pilgrim II. von Puchheim für wenige Jahre seine größte Ausdehnung: bis über die heutigen Grenzen hinaus nach Tirol, Bayern, Kärnten und Krain hinein. Erste Blüte des Goldbergbaus in den Tauern.

1403 Im Zeichen einer selbstbewußter werdenden Bürgerschaft schließen

Pfahlbauten der Mondsee-Kultur (Rekonstruktion aus dem 19. Jh.).

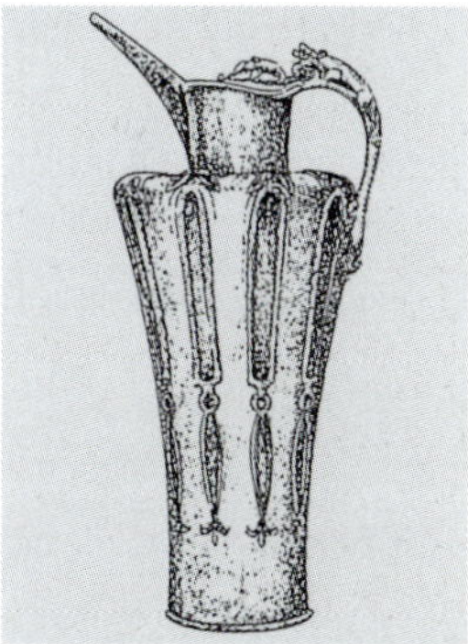

Keltische Schnabelkanne aus der La-Tène-Zeit.

Frühchristliche Katakomben beim Stift St. Peter, Salzburg.

Erbaut gegen König und Reich: die Festung Hohensalzburg.

Geschichte im Überblick

sich die Salzburger Landstände (Prälaten, Adel, Bürger) zum „Igelbund" zusammen, können aber ihre Forderungen (z. B. eine geringere Besteuerung) gegen den Erzbischof nicht durchsetzen.

1481 Mit der Verleihung des „Großen Ratsbriefes" gewährt Kaiser Friedrich III. dem Rat der Stadt Salzburg die Rechte einer freien Reichsstadt, um den Erzbischof zu schwächen.

1495–1519 Erzbischof Leonhard von Keutschach richtet die fürstliche Macht wieder auf. Er baut die Festung aus. 1498 vertreibt er die jüdische Bevölkerung. 1511 setzt er die Ratsmitglieder und den Bürgermeister gefangen und zwingt sie, auf die im „Großen Ratsbrief" verliehenen Rechte zu verzichten.

1525/26 Salzburg ist einer der Hauptschauplätze der Bauernkriege, in denen sich die von reformatorischem Gedankengut beeinflußten unterprivilegierten Bevölkerungsschichten gegen die Obrigkeit auflehnen.

1587–1612 Erzbischof Wolf Dietrich von Raitenau beginnt mit dem Umbau des mittelalterlichen Salzburg zur barocken Fürstenstadt nach italienischem Vorbild.

1612–1619 Erzbischof Markus Sittikus setzt den Umbau der Stadt fort.

1619–1653 Erzbischof Paris Graf Lodron gründet 1623 die Universität.

1687–1709 Erzbischof Johann Ernst Graf Thun entfaltet eine rege Bautätigkeit.

1731/32 21 000 protestantische Bürger werden von Erzbischof Leopold Anton Firmian des Landes verwiesen.

1756 Wolfgang Amadeus Mozart wird in Salzburg geboren.

1800 Napoleons Truppen marschieren in Salzburg ein.

1803 Aufhebung des geistlichen Staates durch den Reichsdeputationshauptschluß. Das säkularisierte Salzburg wird 1816 dem Erzherzogtum Österreich angegliedert.

1861 Salzburg erhält seine erste gewählte Volksvertretung und eine Landesregieurng.

1917 Gründung der Salzburger Festspielhaus-Gemeinde.

1920 Nach dem Zusammenbruch der Donaumonarchie (1918) wird Salzburg eines der neun Bundesländer der demokratischen Republik Österreich.

Auf dem Domplatz findet die erste Aufführung von Hofmannsthals „Jedermann" statt – der Beginn der langen Tradition der Salzburger Festspiele.

1938 Einmarsch deutscher Truppen in Österreich, Salzburg wird zum Reichsgau.

1944/45 Im Zweiten Weltkrieg hat Salzburg schwer unter Bombenangriffen zu leiden. Amerikanische Truppen marschieren im Mai 1945 in Salzburg ein, das 10 Jahre lang als Hauptquartier der US-Streitkräfte bleibt.

1955 Unterzeichnung des österreichischen Staatsvertrags und Ausrufung der Zweiten Republik.

1967 Herbert von Karajan gründet die Osterfestspiele und dominiert das musikalische Salzburg mehr als 20 Jahre lang.

1983 Der Salzburger Landtag beschließt die Einrichtung des Nationalparks Hohe Tauern.

1989 Tod und Beisetzung Karajans in Anif.

Gold und Salz – Gott erhalt's!

Nicht von ungefähr hält der Landespatron von Salzburg, der hl. Rupert, ein Salzfäßchen als sein Attribut im Arm. Die Anteile an den Reichenhaller Salinen, die er vom Bayernherzog Theodo zur Bistumsgründung erhielt, bildeten die wirtschaftliche Grundlage für den raschen Aufstieg Salzburgs. Das für Mensch und Tier lebensnotwendige und daher so wertvolle Handelsgut wurde in der damals schon von einer Burg bekrönten Stadt umgeschlagen und verhalf ihr so zu ihrem Namen.

Der bereits in vorgeschichtlicher Zeit betriebene Salzabbau auf dem Halleiner Dürrnberg wurde erst Ende des 12. Jhs. wiederentdeckt. Die Abtei St. Peter wollte sich die Abbaurechte ganz unchristlich durch eine Urkundenfälschung aneignen, doch das hinderte Erzbischof Adalbert III. nicht daran, die Saline in landesfürstlicher Regie zu erschließen. Sein Nachfolger Eberhard II. verschaffte ihr vor allem durch gezielte Dumpingpreise eine führende Stellung im Ostalpenraum. Der große Reichtum des Erzstiftes kam nicht nur dem Ausbau Salzburgs, sondern auch der Ausweitung des Landbesitzes und der Gründung neuer Bistümer zugute. Er mehrte sich noch, als im 15. Jh. der Goldabbau in den Tauern seine Hochblüte erlebte. Jeder zehnte Kübel mußte als Fron dem Erzstift abgeliefert werden. Ohne diese Einnahmen wären die gewaltigen Bauvorhaben Wolf Dietrichs von Raitenau nicht denkbar gewesen, der halb Salzburg niederreißen und in neuer Pracht wiederaufbauen ließ. Ihm wurde jedoch das Salz letztlich zum Verhängnis, als er mit Bayernherzog Maximilian 1611 wegen der Salzmaut in Streit geriet, im daraufhin ausbrechenden Salzkrieg unterlag und in Gefangenschaft starb. Daß man das Salz auf allen Wegen stets verteidigen mußte, daran erinnern die burgenbewehrten Handelsstraßen im Salzburger Land.

Herbert von Karajan, dem Salzburg viel verdankt.

Wolfgang Amadeus Mozart, der populärste Salzburger.

Heute nur noch Touristenziel: Salzbergwerk in Hallein.

Kultur gestern und heute

Wäre es nicht Brauch der *Kelten* gewesen, ihren Toten Schmuckstücke, Waffen, Trinkgeschirr u. a. Gegenstände mit ins Grab zu legen, hätten wir kaum eine Vorstellung von der Schönheit der Formen und der geheimnisvollen Faszination der Motive keltischen Kunsthandwerks. Eines der bedeutendsten Beispiele ist die bronzene Schnabelkanne im Salzburger Museum Carolino Augusteum, die am Dürrnberg bei Hallein entdeckt wurde, einem der besten Fundorte dieser Kultur. Entsprechend umfassend kann man sich daher auch im Halleiner Keltenmuseum und in den Freilichtschaustätten am Dürrnberg über die Welt der Kelten informieren.

Die Zeugnisse der *Römerzeit* in Salzburg (15 v. Chr. bis 5. Jh. n. Chr.) sind ebenfalls in Museen ausgestellt (v. a. im Museum Carolino Augusteum), so z. B. schöne Mosaikböden.

Aus dem *Frühmittelalter* blieben nur wenige Kunstwerke erhalten: Das große, mit getriebenem und vergoldetem Kupferblech verkleidete, mit Gemmen aus Email geschmückte „Rupertuskreuz" in der Pfarrkirche von Bischofshofen kam vermutlich unter dem Bischof Virgil aus Northumbrien nach Salzburg.

In der *Romanik* erlebte die Salzburger Buchkunst eine Hochblüte: Die prachtvolle „Walther-Bibel", hergestellt im Auftrag des Abtes Walther von Michaelbeuern, wird immer noch in der dortigen Stiftsbibliothek aufbewahrt.

Zwischen Buchdeckeln blieb uns in leuchtenden Farben Malerei aus einer Zeit bewahrt, aus der kaum ein anderes Medium von dieser Kunst Zeugnis ablegen kann. Denn die Wandmalerei wurde durch spätere Umbauten oder den Zahn der Zeit fast ausnahmslos zerstört. Deshalb stellen die Fresken von etwa 1140 in der Kirche der Benediktinerinnenabtei Nonnberg zu Salzburg eine Besonderheit dar. Bedeutende Reste spätromanischer Fresken aus der ersten Hälfte des 13. Jhs. sind in Mariapfarr sowie in der schlichten Bischofshofener Georgskirche zu sehen. Mit dem Langhaus der Franziskanerkirche in der Stadt Salzburg blieb ein romanischer Kirchenraum unverändert erhalten. Gut erkennbar sind auch noch die romanischen Trakte der Burgen Hohensalzburg, Hohenwerfen, Mauterndorf und Moosham.

Die *Gotik* setzt auch heute noch sichtbare Akzente im Salzburger Stadtbild. Ihr ältestes Zeugnis ist die 1319 umgebaute Marienkapelle im Stift St. Peter. Bald darauf entstand die Bürgerspitalskirche (heute Blasiuskirche). 1460 wurde nach einem halben Jahrhundert Bauzeit der großartige Hallenchor der Franziskanerkirche geweiht.

Zwischen dem Ende des 14. und dem Anfang des 16. Jhs. wuchsen im ganzen Salzburger Land Kirchen mit spitz emporragenden Kirchtürmen aus dem Boden (nur wenige von ihnen wie etwa Maria Alm bekamen später keinen barocken Helm aufgesetzt). Ein besonderes Kleinod der spätgotischen Architektur ist die Kirche St. Leonhard bei Tamsweg, die noch ihre ursprünglichen Glasfenster besitzt. In einigen Kirchen – z. B. in der Stiftskirche St. Peter in Salzburg – ist auch noch eine „Schöne Madonna" zu sehen, wie sie der „Internationale" oder „Weiche Stil" hervorgebracht hat. Dieser sich um 1400 von Böhmen aus in Mitteleuropa verbreitende Stil mit seinen weichen, fließenden Formen und den lieblichen Gesichtern fand in Salzburg eines seiner wichtigsten Zentren. Im Gegensatz dazu schuf der bedeutendste Bildschnitzer und Maler der Spätgotik, Michael Pacher, Werke von herbem Realismus und kompositorischer Dynamik. Sein Hauptwerk, den Altar in St. Wolfgang, vollendete er 1481. Von seinem Altar in der Franziskanerkirche zu Salzburg ist nur noch die Figur der Madonna mit Kind (als Zentrum in Johann Bernhard Fischer von Erlachs barockem Hochaltar) erhalten geblieben.

Die *italienische Renaissance* wurde in Salzburg erst spät zur Kenntnis genommen. Mit dem Arkadenhof des Salzburger Bürgerspitals (1556–1562) blieb einer der ohnehin wenigen Renaissancebauten der Stadt erhalten. Die Fresken im Rittersaal des Schlosses Goldegg (1536) sind ein bemerkenswertes Zeugnis im Salzburger Land.

Erzbischof *Wolf Dietrich von Raitenau* (1587–1612) entwickelte eine rege Bautätigkeit mit dem Ziel, das mittelalterliche Salzburg in eine Residenzstadt nach italienischem Vorbild zu verwandeln. Er kaufte ein ganzes Stadtviertel auf, um den Residenz-, Mozart-, Kapitel- und Domplatz in großzügigen Dimensionen anlegen zu können. Der Bau des Kapitelhauses, des Neugebäudes und der Residenz als repräsentative „Palazzi" wurde begonnen, 1606 nahm der absolutistische Erzbischof den Hofmarstall in Angriff.

Den Dom ließ er nach dem Brand von 1598 abtragen und gab einen Neubau in Planung, der aber erst unter Erzbischof Markus Sittikus von Hohenems (1612 bis 1619) in veränderter Form zur Ausführung kam. Am Stadtrand entstand Schloß Altenau, der Vorgängerbau des heutigen Schlosses Mirabell, für Wolf Dietrichs Lebensgefährtin Salome Alt. Mit der Gabrielskapelle schuf er sich ein in seiner Innengestaltung einmaliges Mausoleum im Zentrum des Sebastiansfriedhofs.

Wolf Dietrichs Nachfolger setzten seine italienisch beeinflußte Bautätigkeit fort. Schönstes Beispiel dafür ist Schloß Hellbrunn im Süden der Residenzstadt.

Glasfenster in der Kirche St. Leonhard bei Tamsweg.

Prähistorische Schnabelkanne, gefunden am Dürrnberg.

Renaissance-Arkadenhof des Bürgerspitals in Salzburg.

Im *Hoch- und Spätbarock* kulminierten die Bauarbeiten, zunächst unter italienischer Leitung: Giovanni Antonio Dario errichtete u. a. Maria Plain, Johann Caspar Zuccalli St. Erhard und die Kajetanerkirche. Erzbischof Johann Ernst Thun (1687–1709) bevorzugte einheimische Künstler, vor allem Johann Bernhard Fischer von Erlach. Von ihm stammen die Felsenreitschule, die Fassade und die Schwemme des Hofmarstalls, die Dreifaltigkeits-, Kollegien-, Johannesspitals- und die ehemalige Ursulinenkirche (heute Markuskirche) sowie Schloß Kleßheim und die Wallfahrtskirche Maria Kirchenthal bei Lofer. Johann Lukas von Hildebrandt schuf Schloß Mirabell. Aber es waren nicht nur die zwei überragenden Baumeister des österreichischen Barock in Salzburg tätig, sondern auch die bedeutendsten Maler – Martino Altomonte, Paul Troger und Johann Michael Rottmayr – und Bildhauer: Bernhard Michael Mandl schuf z. B. die Reitergruppe für die Hofmarstallschwemme. Altäre Meinrad Guggenbichlers und seiner Mondseer Werkstatt sind sowohl in der einstigen Residenzstadt als auch im Land Salzburg und im Salzkammergut anzutreffen. Als seine Hauptwerke gelten die Altäre in Mondsee und St. Wolfgang.

Nach einer *frühklassizistischen Phase* in Salzburg, die vor allem vom Brüderpaar Wolfgang und Johann Baptist Hagenauer geprägt wurde (Neutor und Mariensäule in Salzburg, Kirchen in Hallein und Böckstein), trat mit der Säkularisation des erzbischöflichen Fürstentums nicht nur eine Stagnation in der Kunst- und Bautätigkeit ein, sondern die in kurzen Abständen wechselnden weltlichen Herrscher holten sich auch die meisten der Kunstschätze aus den erzbischöflichen Sammlungen in ihre Residenzen. Salzburg verlor dadurch viel unersetzliches Kulturgut.

In der *Romantik* entdeckten die Maler (G. F. Waldmüller, F. Gauermann, Rudolf von Alt u. a.) das Salzkammergut als Motiv ihrer Landschaftsbilder. Zentrum des Kunstschaffens war allerdings Wien, wo Hans Makart – ein gebürtiger Salzburger – als unumschränkter Malerfürst Stil und Geschmack der tonangebenden Gesellschaft bestimmte.

Der in St. Martin bei Lofer geborene Anton Faistauer, einer der wichtigsten Künstler der Zwischenkriegszeit, blieb Salzburg verbunden, obwohl er auch in Wien lebte. Von Faistauer stammen u. a. die Fresken im Foyer des Kleinen Festspielhauses.

Die Qualität der *Bauwerke des 20. Jhs.* in der Stadt Salzburg schwankt zwischen einfühlsamen, mit der historischen Substanz wunderbar harmonierenden Lösungen wie den Festspielhäusern (1926–1939, 1956–1960) von Clemens Holzmeister und auffallend unsensiblen wie dem „Café Winkler“ (Cziharz/Lenk, 1975/76). Alarmierende Ausmaße nahmen ab den 50er Jahren die Bausünden in der Altstadt und im Umland an. Als das 1967 beschlossene Altstadterhaltungsgesetz den baulichen Wildwuchs nicht ausreichend verhindern konnte, kam es zu Bürgerinitiativen und nach dem sensationellen Erfolg der Bürgerliste bei der Gemeinderatswahl im Jahr 1983 zur Gründung eines Gestaltungsbeirates, eines fachlichen Beratergremiums, das die Pläne für Neu- und Umbauten für den Stadtrat begutachtet.

Hätte es nicht tatkräftige Privatinitiativen gegeben, sähe es mit der *bildenden Kunst des 20. Jhs.* in der Stadt Salzburg traurig aus. 1923 entstand dank privatem Engagement die Residenzgalerie als Landesgalerie. Das 1973 eröffnete Salzburger Barockmuseum ging aus der Privatsammlung Kurt Rossacher hervor. Der Kunsthändler Friedrich Welz initiierte 1954 zusammen mit Oskar Kokoschka die seither jährlich stattfindende „Internationale Sommerakademie für bildende Kunst“ auf der Festung Hohensalzburg.

Mit der Schenkung einer umfangreichen Sammlung moderner Kunst (G. Klimt, O. Kokoschka, W. Thöny

u. a.) legte Welz 1976 den Grundstock für die Salzburger Landessammlungen Rupertinum, die seit 1983 im ehemaligen Collegium aus dem 17. Jh. untergebracht sind.

Die Raumnot des Salzburger Museums Carolino Augusteum – die Altstadt gibt keinen Meter Baugrund mehr her – ließ die Idee einer Kunsthalle im Mönchsberg aufkommen. Der kühne Entwurf eines in den Berg verlegten Museums (von Hans Hollein) erweckte das Interesse des New Yorker Guggenheim-Museums, das anbot, in diesem Bau eine europäische Dependance seiner weltberühmten Sammlung einzurichten. Doch die Diskussionen haben weder zu einem Finanzierungsplan noch zu einer Einigung der unterschiedlichen (kunst) politischen Interessen geführt und die Chance blieb ungenutzt.

Hofmarstallschwemme neben den Salzburger Festspielhäusern.

Veranstaltungskalender

Januar: Mozartwoche in Salzburg gegen Ende des Monats, mit Spitzenorchestern und internationalen Künstlern.

März/April: Osterfestspiele in Salzburg, bestehend aus zwei Aufführungszyklen mit je einer Opernvorstellung, einem Oratorium und zwei Orchesterkonzerten. Bis Oktober Festungskonzerte auf Hohensalzburg und Mozart-Serenaden, die in historischen Kostümen aufgeführt werden. Ende März Rauriser Literaturtage.

Mai: Die Pfingstkonzerte in Salzburg bestreitet jedes Jahr ein anderes Orchester von internationalem Rang.

Ende Mai/Anfang Juni feiert Bad Aussee sein Narzissenfest: Bei diesem Volksfest werden Autos und Boote mit Blumen geschmückt.

Juli: Avantgardefestival der Salzburger „Szene". – Ende Juli (erster Sonntag nach Jakobi) findet am Hundstein bei Maria Alm ein seltsamer alpiner Ringkampf statt, das „Hundstoa Hagmoar". – Bis Ende August Salzburger Festspiele; der Attergauer Kultursommer bietet Literatur und Musik in kleiner und großer Besetzung.

August: Fest in Hellbrunn an den ersten zwei Wochenenden, mit Oper und Theater, Musik und Tanz im Schloß und an vielen Schauplätzen im Park. – „Poesie im Ausseerland", geleitet von Klaus Maria Brandauer, u. a,auf einer Seebühne im Salzbergwerk. – Leider nur alle fünf Jahre (das nächste Mal 1995) erlebt die Salzach bei Oberndorf eine aufwendig inszenierte Piratenschlacht. Ihr Schifferstechen jedoch begehen die Oberndorfer alljährlich am 15.8. – Ende August Internationales Jazzfestival in Saalfelden, Internationales Folkfestival in Hallein und originelles Preisschießen am Preber-See.

Dezember: Adventskonzerte beschließen den Jahreskreis in vielen Orten, am berühmtesten ist das Adventsingen im Großen Festspielhaus in Salzburg.

Die Salzburger Küche

Gibt es überhaupt eine Salzburger Küche? Es fallen einem außer den Salzburger Nockerln eigentlich keine weiteren Spezialitäten des Landes ein. Selbst Fachleute sprechen der Salzburger Küche namenstiftende Kreationen ab und begründen dies mit der historischen Situation des Landes als Fürsterzbistum. Der Hof war ein Treffpunkt internationaler Diplomatie und die Stadt Salzburg ein Knotenpunkt internationaler Handelswege. Dadurch erhielt die Kochkunst zwar Anregungen aus vielen Ländern, die Entwicklung einer typisch salzburgischen Küche wurde jedoch verhindert.

Studiert man die Speisekarten in Stadt und Land aber genauer, fallen schließlich doch gewisse Vorlieben auf, die man durchaus als salzburgische Charakteristika bezeichnen kann. So findet man häufig Gerichte mit viel Käse: Kasnocken (Käsespätzle) oder Kassuppe z. B. – die Milchwirtschaft spielt im Salzburger Land eine wichtige Rolle. Schaut man der Landbevölkerung in die Kochtöpfe, wie es einige renommierte Wirte und Köche getan haben, so entdeckt man noch eine Reihe weiterer, sehr leckerer Rezepte mit Käse, wie etwa die „Stinkerknödel" aus Kartoffeln und Graukäse. Als Beilage spielt das Sauerkraut ein wichtige Rolle: „Krautspatzn" z. B. sind Nockerln mit Sauerkraut. Eine Art gebratene Sauerkrautlaibchen tragen den unaussprechlichen Namen „Hoargneistnidei".

Gefährlich gut sind in Österreich die Mehlspeisen. Der Begriff umfaßt die meist süßen Nachspeisen, auch wenn sie gar kein Mehl enthalten: Torten und Törtchen, Kuchen und Strudel, Marillen- und Zwetschkenknödel (Aprikosen oder Pflaumen in Knödel aus Kartoffelteig), gefüllte Palatschinken, Kaiserschmarrn. Auf diesem Gebiet hat Salzburg Wichtiges beigetragen: die „Salzburger Nockerln". Sie sind „süß wie die Liebe und zart wie ein Kuß" und sehr empfindlich gegen Zugluft. Im wesentlichen bestehen sie aus Eischnee, sind also ein süßes Soufflé. Für die „Strauben" (Spritzkrapfen) hat das Salzburger Land eigene Teigrezepte entwickelt. Am besten sollen die in Schmalz herausgebackenen Brandteigstrauben sein, die mit Staubzucker (Puderzucker) und Zimt bestreut werden.

Welchem alkoholischen Getränk sich die Stadt Salzburg verschrieben hat, läßt ein Bummel durch die Straßen erahnen. „Stern-Bräu", „Stiegl-Bräu-Keller", „Augustiner-Bräu" und weitere Wirtshausschilder weisen darauf hin: Salzburg ist ganz unverkennbar eine Stadt der Biere – mit der angenehmen Begleiterscheinung einer Vielzahl von Gaststätten mit Biergarten (s. S. 32). Dort kann man gemütlich ein Krügl (0,5 l) oder ein Seidl (ca. 0,3 l) genießen und auch passabel speisen.

Eine kulturelle Institution sind die Salzburger Kaffeehäuser. Wahrscheinlich gäbe es heute keine Festspiele, hätten die traditionsreichen Cafés nicht existiert – das „Tomaselli", das „Mozart", das „Glockenspiel" und das „Bazar" –, in denen sich vor allem vor dem Zweiten Weltkrieg Künstler und Literaten trafen. Wenn die Kaffeehäuser heutzutage auch oft brechend voll sind, so hat sich doch noch ein bißchen von der alten Atmosphäre erhalten. Nur sollte man hier nicht einfach „eine Tasse Kaffee" bestellen. In Österreich gibt es unzählige Zubereitungsarten, die nach der Größe der „Schale" und dem Mischungsverhältnis von Kaffee und Milch benannt sind: Der „Kurze" ist ein starker Espresso, ein „Verlängerter" ein schwacher. „Melange" heißt der Milchkaffee mit Schlagobers (Schlagsahne), „Einspänner" ein Doppelmokka im hohen Glas mit viel Schlagobers. Eine Reihe von Kaffeespezialitäten enthält einen Schuß Alkohol.

Urlaub aktiv

Ballonfahren

Für etwa 3000–4000 öS pro Person kann man die Schönheiten des Salzburger Landes von oben bewundern. Heißluftballonfahrten bieten an: Salzburger Ballonfahrt Ges.m.b.H., Mödlham 111, 5201 Seekirchen, ☏ (0 62 12) 77 86-0; Balloon and Airship Company, 5360 St. Wolfgang (OÖ), ☏ (0 61 38) 30 27, FAX 3 02 74, sowie die Fremdenverkehrsverbände von 5204 Straßwalchen, ☏ (0 62 15) 64 20, FAX 84 20 20, und 5532 Filzmoos, ☏ (0 64 53) 2 35, FAX 6 85.

Bergsteigen, Bergwandern

An schönen Sonn- und Feiertagen erleben Salzburgs Berge wahre Völkerwanderungen von Gipfelstürmern. Auf festes Schuhwerk mit Profilsohle und Regenschutz sollte auch auf leichten Spaziergängen nicht verzichtet werden. Bei anspruchsvolleren Touren vertraut man sich am besten einem ausgebildeten Bergführer an.

Geführte Touren unterschiedlicher Schwierigkeitsgrade bieten die Urlaubsorte im Saalachtal unter dem Stichwort „Wandern ohne Gepäck“ an: ℹ Urlaubsregion Pinzgauer Saalachtal, Loferer Str. 5, 5760 Saalfelden, ☏ (0 65 82) 40 17, FAX 4 01 74.

Mit geführten Wanderungen möchte auch die Region Dachstein-West ihren Gästen das „Erlebnis Berg“ vermitteln; Höhepunkt ist eine zweitägige Gletschertour am Dachstein. Die Route „Tennengau-Trekking extrem“ führt von Hallein über den Hohen Göll und das Tennen-Gebirge nach St. Martin. Von der Urlaubsregion Tennengau wurde ein „Trekking-Führer“ ausgearbeitet, mit dem ambitionierte Wanderer von St. Martin ausgehend den Gosaukamm entlang über die Postalm und Osterhorngruppe bis Puch im Salzachtal wandern können: ℹ Gästeservice Tennengau, 5400 Hallein, ☏ (0 62 45) 8 42 59-0, FAX 8 42 59-14. Im Nationalpark Hohe Tauern leiten die Nationalparkwarte leichte bis anspruchsvolle Wanderungen (s. S. 11).

Fahrrad und Mountainbike

Wer Radeln in Salzburg nur mit der Glockner-Etappe der Österreich-Rundfahrt in Verbindung bringt, sollte sich schnellstens über das reiche Angebot für Radwanderer informieren.

Rund zwei Dutzend der vielen Radverleihstellen im ganzen Land (Leihgebühr 70–250 öS pro Tag; Adressenliste bei der Salzburger Land Tourismus Ges., s. S. 93) bieten auch Mountainbikes an. Bei ihnen sowie bei der Salzburger Land Tourismus Ges. erhält man auch Informationen, wo Mountainbikes willkommen sind und wo nicht – um Flora und Fauna zu schützen.

Der vorbildlich markierte und sehr beliebte „Tauernradweg“ führt auf rund 300 km Radwegen und verkehrsarmen Straßen in abwechslungsreicher Landschaft von den Krimmler Wasserfällen ausgehend am Nationalpark Hohe Tauern entlang durch den Pongau und den Tennengau nach Salzburg und weiter durch das sanft hügelige Alpenvorland bis nach Passau. Da die Route stets der Salzach flußabwärts folgt, enthält sie keine mühsamen Steigungen. Der kleine Führer „Tauernradweg“ ist im Buchhandel oder bei der Salzburger Land Tourismus Ges. erhältlich.

Die Routenvorschläge für den Lungau reichen von leichten Touren durch das Murtal bis zu anspruchsvollen Bergtouren für Mountainbiker: ℹ Lungau Information, Rathaus, 5580 Tamsweg, ☏ (0 64 74) 62 84, FAX 74 34.

Mit leiblichem Genuß ist die „Käsetour“ durch das sanfte Hügelland und die Moorlandschaft des Salzburger Alpenvorlands verbunden:

ℹ Salzburger Alpenvorland, 5204 Straßwalchen, ☎ (0 62 15) 64 20, ℻ 84 20 20, oder Trumer Seenland, 5163 Mattsee, ☎ (0 62 17) 60 80.

Gleitschirmfliegen

Wer schon immer mal abheben wollte, aber nicht wußte wie, kann einen Gleitschirm-Schnupperkurs buchen (1 Tag ca. 800–1000 öS): u. a. in 5441 Abtenau beim Club Zwilling, ☎ (0 62 43) 30 69-0, ℻ 30 69-17, sowie bei Alpin Sports, ☎ (0 62 43) 30 88, ℻ 32 44, in 5453 Werfenweng bei der Erlebnissportschule des Staats- und Europameisters Kurt Pirker, ☎ (0 64 66) 5 70, in 5580 Unternberg beim „Aufwind“ selbst, ☎ (0 64 74) 77 55, ℻ 62 11.

Golfen

Putten am See oder am Fuße des Gletschers – die rund ein Dutzend Golfplätze im Salzburger Land bieten reichlich Abwechslung in herrlicher Landschaft

Zünftige Pisten verspricht das Salzburger Land im Winter.

Natur und Kultur begegnen – mit dem Drahtesel.

Kühle Wandertips für heiße Tage

Das hügelige Alpenvorland mit dem Salzburger Becken bildet den sanften Auftakt zur rasch sich steigernden Gipfelsymphonie der Salzburger Gebirgswelt. Wer über den „Salzburger Schnürlregen“ schimpft, sollte sich vor Augen halten, daß sich das Wasser hier in Jahrmillionen als Gestalter bizarrer Kulissen erwiesen hat. Bereits die Kalkvoralpen, die wie die Osterhorngruppe noch Mittelgebirgscharakter haben, sind reich an Schluchten und Höhlen. Mit dem Paß Lueg durchfährt man im Salzachtal das Tor zu den steil aufragenden Kalkhochalpen. Tief mußte sich das Wasser hier seinen Weg eingraben. Am eindrucksvollsten zeigt das die östlich der Salzach fließende Lammer mit ihrem Lammeröfen genannten Durchbruch (S. 63). Niederschläge und Schmelzwasser haben in die Kalkgebirge senkrechte Karstschlote und Höhlen ausgewaschen. In der Eisriesenwelt im Tennen-Gebirge (S. 71) und den Dachsteinhöhlen (S. 67) läßt die winterliche Kaltluft das Sickerwasser zu märchenhaften Raumgebilden gefrieren. Aber auch die Klammen des Saalachtales (S. 80) bezeugen eindrucksvoll die Kraft des Wassers. Am bekanntesten sind wohl die Täler, die aus den Zentralalpen in hohen Stufen in die Salzach münden und von den Tauernbächen in gefällereichen Klammen oft spektakulär überwunden werden. Die Gasteiner Klamm (S. 73), Kitzloch-Klamm (S. 75), Liechtensteinklamm (S. 72) und allen voran die Krimmler Wasserfälle (S. 90) sind beliebte Ausflugsziele.

und werden auch von internationalen Profis sehr geschätzt. Den Einstieg in den Golfsport ohne Klubzwang ermöglichen die Anlagen in Hallein Rif (☏ 0 62 45/7 66 81, FAX 76 68 19), Radstadt (☏ 0 64 52/6 51 11, FAX 73 36) und St. Michael im Lungau (☏ 0 64 77/74 48, FAX 74 48-4).

Wildwassersport

findet auf den Salzburger Flüssen hervorragende Bedingungen. Betrieben wird er v. a. auf der Salzach, Lammer, Saalach und Mur. Riverrafting mit großen Schlauchbooten oder die Fahrt im schlanken Kajak sind nicht mehr die einzigen Möglichkeiten, die Gischten der Klammen zu bezwingen. Die neueste Herausforderung nennt sich Canyoning und bedeutet, daß man sich kletternd, springend und schwimmend die Schlucht hinunterbewegt („Schluchteln" wird es daher in Österreich genannt). Anbieter von Kursen, Familienfahrten, Flußwanderungen und Schluchtengehen sind u. a. in 5441 Abtenau der Club Zwilling, ☏ (0 62 43) 30 69-0, FAX 30 69-17, sowie Alpin Sports, ☏ (0 62 43) 30 88, FAX 32 44, in 4822 Bad Goisern Outdoor Leadership, Steinach 4, ☏ (0 61 35) 60 58.

Wintersport

470 Liftanlagen erschließen die Salzburger Bergwelt und ermöglichen das Abfahren auf rund 2000 km Pisten. Auf ebensoviel Kilometern gespurter Loipen kann man durch das Land gleiten. Die Wahl zwischen der Skischaukel der Sportwelt Amadé, der Skiregion Dachstein-West, den Weltmeisterschaftspisten in Saalbach-Hinterglemm, einer Kombination von Sport und Kur im Gasteiner Tal, dem Ambiente in Saalfelden oder der langen Schneesicherheit in Obertauern und der Europasportregion Zell am See – Kaprun fällt schwer; gut, daß ein Prospekt der Salzburger Land Tourismus Ges. (s. S. 93) Entscheidungshilfen bietet.

Reisewege und Verkehrsmittel

Anreise

Mit dem Flugzeug

Der internationale Flughafen Salzburg liegt ca. 4 km südwestlich des Zentrums, an der Innsbrucker Bundesstraße 95. Mit der Innenstadt verbinden ein „Airport-Hotel-Shuttle", die Buslinie 77 und Taxis. Autovermietung am Flughafen. ℹ unter ☏ (06 62) 85 29 00, 85 20 91, 85 12 11.

Mit der Bahn

Salzburg liegt im internationalen Bahnnetz sowohl an der Nord-Süd-Achse (Deutschland–Italien–Balkanländer) als auch an der West-Ost-Achse (Frankreich–Schweiz–Ungarn) und ist deshalb bequem und schnell (z. B. mit EuroCity-Verbindungen) zu erreichen. Autoreisezüge verkehren von Düsseldorf (Hbf.), Köln/Deutz, Wien und Feldkirch nach Salzburg.

Reisen im Salzburger Land

Mit der Eisenbahn

Das Land Salzburg durchziehen drei Eisenbahnlinien: Salzburg–Zell am See –Saalfelden–Kitzbühel; Salzburg–Gasteiner Tal–Villach; Salzburg–Radstadt –Graz. Einige Regionen sind mit dem Zug nicht zu erreichen: der Lungau, die Seitentäler der Salzach (mit Ausnahme des Gasteiner Tals) und das nördliche Saalachtal. Schmalspurbahnen sind die Strecken Vöcklamarkt–Attersee und Tamsweg–Unzmarkt sowie Zell am See–Krimml. Von Juli bis September verkehren auf der Strecke Salzburg–Lamprechtshausen historische Wagen der Salzburger „Roten Elektrischen" (☏ 06 62/50 77 70).

Die *Österreichischen Bundesbahnen* bieten eine ganze Palette von Sondertarifen. Auskunft erteilen in Österreich alle ÖBB-Schalter, in Deutschland die Generalvertretung der ÖBB, Am Hauptbahnhof 10/I, 60329 Frankfurt/M., ☎ (0 69) 23 11 01.

Ein nasses, aber ungefährliches Abenteuer: Riverrafting.

Mit dem Autobus

Die gelb-roten Bundesbusse (BB) sowie private Linien erschließen das Land. ℹ unter ☎ (06 62) 1 67.

Mit dem Auto

Autofahrer müssen den nationalen Führerschein, die nationale Zulassung (Fahrzeugschein) und ein Nationalitätskennzeichen (D, CH) mitführen, ferner eine Autoapotheke und ein Pannendreieck. Die Mitnahme der Grünen Versicherungskarte wird empfohlen. Es besteht Gurtanlegepflicht. Für Freunde des österreichischen Weins: Es gilt die 0,8-Promille-Grenze.

Klettern am nackten Fels ist nur Profis zu empfehlen.

Geschwindigkeitsbeschränkungen:
130 km/h auf der Autobahn (von 22–5 Uhr 110 km/h außer auf der A1), 100 km/h auf Landstraßen, 50 km/h im Ortsbereich, sofern nichts anderes angegeben ist.

Pannenhilfe: SAMTC (Salzburger Landesklub des ÖAMTC), ☎ 1 20. – ARBÖ, ☎ 1 23.

Gebührenpflicht besteht auf der Tauernautobahn-Scheitelstrecke, Gerlosstraße-Scheitelstrecke, Felbertauernstraße, Großglockner-Hochalpenstraße, Gasteiner Alpenstraße auf das Naßfeld, Postalmstraße und einigen anderen kleineren Bergstraßen. Bei extremen winterlichen Verhältnissen besteht auf einigen Straßen Kettenpflicht; Ketten sollten für den Notfall immer im Kofferraum liegen. Die Großglockner-Hochalpenstraße ist vom Spätherbst bis ins Frühjahr gesperrt.

Das Salzburger Land besitzt ein gutes öffentliches Verkehrsnetz.

Ein Straßenzustandsbericht wird stündlich im Verkehrsfunk (Ö3) durchgegeben. Ausführliche Informationen vom Band unter ☎ (06 62) 15 25.

Die *** Stadt Salzburg

Den Reiz Salzburgs macht vor allem die gewachsene Verbindung von Baukunst und Landschaft aus. Der weitgehend erhaltene Altstadtkern bildet ein geschlossenes Ensemble, auf kleinstem Raum zwischen die Stadtberge gebettet und vom Salzachstrom durchflossen. Auf ihm haben in den vergangenen Jahrhunderten Schiffer das wertvolle Salz aus Hallein und Reichenhall transportiert. Daher der Name der Stadt: Aus „Salzachburg" – die trutzige Festung ist das weithin sichtbare Wahrzeichen – wurde Salzburg.

Als der hl. Rupert um 700 Salzburg zum Ausgangsort seiner Missionierungstätigkeit wählte, bestand in den Trümmern der römischen Stadt Juvavum bereits eine kleine Mönchsgemeinde. Der Wormser Bischof reorganisierte das Kloster St. Peter und gründete dessen Kirche sowie das Kloster Nonnberg. Ein Jahrhundert später wurde Salzburg Erzbistum.

Die Stadt und das Land erhielten ihre Prägung durch ihre Erzbischöfe, die in der Barockzeit absolutistischen Fürsten gleich regierten. Erzbischof Wolf Dietrich von Raitenau, verwandt mit der Familie Medici, kam 1587 auf den Thron und begann, das mittelalterliche Städtchen nach italienischem Vorbild in eine prunkvolle, barocke Residenzstadt zu verwandeln. Ganze Stadtviertel mit schmalen Häusern in engen, krummen Gäßchen, wie heute noch die Judengasse und die Steingasse, wichen großzügig angelegten Plätzen mit repräsentativen Gebäuden. Auch Wolf Dietrichs Nachfolger und deren Baumeister verstanden es, bei der Umgestaltung der Stadt ein harmonisches Zusammenwirken von Bauwerken, Plätzen und Gassen zu erzielen.

Unter der Regentschaft der Fürsterzbischöfe war der Bürgerschaft kaum Einflußnahme auf politische und kulturelle Entwicklungen möglich. Das macht das unscheinbare Rathaus deutlich. Daher entstand mit dem Ende des geistlichen Fürstentums 1803 und der Angliederung der einstigen Residenzstadt Salzburg an das Erzherzogtum Österreich 1816 ein gewisses Vakuum. Eine neue Identität fand Salzburg durch seinen berühmtesten Sohn, Wolfgang Amadeus Mozart (1756 bis 1791), obwohl der Komponist einst mit einem Fußtritt aus den Diensten des Fürsterzbischofs Hieronymus Colloredo befördert worden und ihm „an Salzburg sehr wenig gelegen" war – um eine seiner weniger drastischen Formulierungen zu zitieren. 1841 waren bereits der „Dommusikverein und Mozarteum" gegründet worden, woraus sich dann die Internationale Stiftung Mozarteum als Pflegestätte der Mozartmusik und -forschung sowie die Hochschule für Musik und darstellende Kunst Mozarteum entwickeln sollten. In den folgenden Jahrzehnten fanden immer wieder große Musikfeste statt. Doch den zündenden Funken entfachte Max Reinhardt mit seiner Idee von Salzburger Festspielen. Sie veränderten Salzburg in den zwanziger Jahren vollständig. Das kleine Städtchen, das sich Stefan Zweig 1918 „gerade um seiner romantischen Abgelegenheit willen" als Wohnort ausgesucht hatte, wurde in kurzer Zeit zu einer der großen Kulturstädte Europas. Die Festspiele, um die sich allmählich ein den Jahreszyklus durchziehendes Netz weiterer kultureller Veranstaltungsreihen gesponnen hat, sind ein Hauptanziehungspunkt und ein wesentlicher Wirtschaftsfaktor der Stadt. Daher messen viele Salzburger, denen man gerne überspitzt Krämergeist attestiert, Erfolg und Niveau der Festspiele am Absatz der Mozartkugeln und an ähnlichen Indikatoren.

Salzburgs große Zahl von Brunnen trägt viel zum Zauber der Stadt bei.

Leider läuft die Altstadt Gefahr, als eine Art Disney World konsumiert zu werden. Es genügt ein Tag, um in zügigem Tempo die Kulissen anzuschauen. Wenn Sie jedoch ohne Hast den Zauber der Stadt kennenlernen wollen, sollten Sie etwas mehr Zeit einplanen.

Der Vergleich Salzburgs mit einem „Bilderbuch für große Leute" ist nicht weit hergeholt. Jeder Blickwinkel erscheint wie ein wohlkomponiertes Gemälde. Das schönste Panorama bietet sich von der „Kanzel" der Hettwer-Bastei auf dem Kapuzinerberg.

Die Festspielstadt

„Hier, wo das Auge überall, wohin es blickt, beglückt wird, wo jeder Blick erlesener Harmonie begegnet, wo eine ganze Stadt Schönheit als ihr innerstes Wesen offenbart, hier ist der richtige Ort, Festspiele zu feiern", befand der Theaterregisseur Max Reinhardt. 1917 unterbreitete er seinen Vorschlag zur Veranstaltung von Festspielen sowie zur Errichtung eines Festspielhauses.

Noch im gleichen Jahr kam es zur Gründung der „Salzburger Festspielhaus-Gemeinde". In ihrem „Kunstrat" saßen führende Künstler ihrer Zeit: Max Reinhardt, der Dirigent Franz Schalk, der Komponist Richard Strauss, der Dichter Hugo von Hofmannsthal und der Bühnenbildner Alfred Roller.

Trotz Finanz- und Planungsschwierigkeiten vor allem infolge des Zusammenbruchs der Donaumonarchie 1918 wurden 1920 die Festspiele mit Hofmannsthals „Jedermann" (Regie: Max Reinhardt) eröffnet. Die Schauspieler verzichteten auf ihre Gage, nur Werner Krauß, der den Tod und den Teufel spielte, bestand auf einem Honorar: einer Salzburger Lederhose. Das Mysterienspiel vom Leben und Sterben des reichen Mannes gewann vor der idealen Kulisse der Domfassade schnell an Popularität. 1922 gelangte Hofmannsthals „Salzburger Großes Welttheater" zur Uraufführung. Im Landestheater wurde erstmals eine Oper gegeben: Mozarts „Don Giovanni". Im selben Jahr fand auch die Grundsteinlegung des Festspielhauses im Park von Hellbrunn statt. Doch zur Ausführung dieses Bauprojekts fehlte das Geld. So verfiel man 1924 darauf, einen Teil der Hofstallungen zu nutzen. Aus dem Provisorium erwuchs im Lauf der Jahrzehnte durch immer neue Um- und Einbauten der heutige Festspielbezirk. (s. S. 43).

„Ich habe viele glückliche Erinnerungen an das Salzburg der späten zwanziger und frühen dreißiger Jahre, als es ein Sammelpunkt für viele Künstler war, eine eigenartige Mischung aus dem Geist Mozarts und den neuesten und gewagtesten künstlerischen Strömungen in Musik, Kunst, Theater und Bühnenbild", erinnerte sich Robert Stolz. Vor allem Max Reinhardt, Bruno Walter und Arturo Toscanini prägten den Aufführungsstil der Festspiele. Der Anschluß Österreichs an das Deutsche Reich 1938 setzte dem Wirken dieser und vieler anderer Künstler ein Ende. Die Festspiele wurden von der nationalsozialistischen Kulturpropaganda vereinnahmt.

Nach dem Zweiten Weltkrieg standen wieder große Künstlernamen für herausragende Aufführungen. 1960 eröffnete Herbert von Karajan mit dem „Rosenkavalier" von Richard Strauss und Hugo von Hofmannsthal das Große Festspielhaus. Bis zu seinem Tod 1989 bestimmte Karajan die Entwicklung der Festspiele. Die Nach-Karajan-Ära unter der Direktion von Hans Landesmann, Gerard Mortier, Heinrich Wiesmüller und dem Schauspielleiter Peter Stein wurde 1991 mit Shakespeares „Julius Caesar" eröffnet.

Unterkunft und Gastronomie

Luxushotels

(DZ ab 1700 öS pro Person)

Hotel Fondachhof, Gaisbergstr. 46, ☎ 64 13 31-0, FAX 64 15 76. Idyllisch im Grünen gelegener Landsitz im Stadtteil Parsch.

Hotel Goldener Hirsch, Getreideg. 37, ☎ 84 85 11-0, FAX 84 33 49. Das jahrhundertealte Haus erfreut sich seit Jahrzehnten ungebrochener Beliebtheit bei den Festspielstars.

Radisson Hotel Altstadt, Rudolfskai 28/Judengasse 15, ☎ 84 85 71-0, FAX 84 85 71-6 oder -8. Verwinkelter Hauskomplex, stilvoll eingerichtet.

Über den Dächer von Salzburg – Blick auf die Festung.

Max Reinhardt, der Begründer der Festspiele.

Sehr gute Hotels und Pensionen

Haus Arenberg, Blumensteinstr. 8, ☎ 64 00 97, FAX 64 00 97-3. Frühstückspension in einem hübschen und grünen Stadtteil am Fuß des Kapuzinerbergs. $

Hotel-Restaurant Elefant, Sigmund-Haffner-Gasse 4, ☎ 84 34 09, FAX 84 01 09-28. Traditionsreiches Haus im Dreieck Residenz, Festspielhäuser und Kollegienkirche. $

Theater-Hotel, Schallmooser Hauptstraße 13, ☎ 88 16 81-0, FAX 88 16 81-92. Suiten und Studios, vor allem bei einem längeren Aufenthalt praktisch. $

Gute Hotels und Pensionen

Doktorschlößl, Glaser Str. 7, ☎ 62 30 88-0, FAX 62 30 88-13. Schlößchen mit Park im Vorort Aigen. $

„Jedermann", hier gespielt von Helmut Lohner.

Kendl, Eichstraße 70, ☏ 64 06 46, 📠 64 07 77. 500 Jahre alter Gasthof im grünen Ortsteil Gnigl mit guten Verkehrsverbindungen ins Zentrum. $$

Hotel-Restaurant Weisses Kreuz, Bierjodlgasse 6, ☏ und 📠 84 56 41. Das kleine Hotel schmiegt sich an den Festungsberg. $$

Einfache Hotels und Pensionen

Blaue Gans, Getreidegasse 43, ☏ 84 13 17, 📠 84 13 17-9. Die Zimmer sind mit bunten Bauernmöbeln eingerichtet, das Restaurant ($) serviert mexikanische Küche, und im Keller wird gejazzt. $

Überfuhr, Ignaz-Rieder-Kai 43, ☏ 62 30 10-0, 📠 62 30 10-4. Gemütlicher Gasthof mit rustikaler Stube in ruhiger, verkehrsgünstiger Lage am Stadtrand. $

Ein Hotelplan mit Angaben wie Preise, Einrichtungen, Lage etc. ist kostenlos bei der Salzburg-Information (s. S. 93) erhältlich. Er informiert auch über die sechs Jugendherbergen und die sieben Campingplätze in der Stadt Salzburg.

Restaurants und Gasthäuser

Augustiner-Bräu, Augustinergasse 4, ☏ 4 31 24 60. Die Säle und der Biergarten sind auch einem Ansturm durstiger Kehlen gewachsen. $

Hagenauerstub'n, Universitätsplatz 14, ☏ 84 26 57. Stark frequentierter Mittagstreff. So, Fei geschlossen, außer zur Festspielzeit. $$

Krimpelstätter, Müllner Hauptstr. 31, ☏ 4 32 27 40. Sehr persönlicher Gasthof mit Garten; Salzburger Spezialitäten. Mo Ruhetag. $

Mirabell im Sheraton, Auerspergstr. 4, ☏ 8 89 99-5. Auch hier Betonung auf Salzburger Spezialitäten, allerdings dürften die Preise nicht jedermanns Geschmack sein. $$$

Salzachgrill (mit Terrasse zur Salzach) und **Theaterkeller** (bis 24 Uhr Küche), beide im Österreichischen Hof, Schwarzstr. 5–7, ☏ 8 89 77. $$

St. Pauls-Stub'n, Herrengasse 16, 1. Stock, ☏ 84 22 54. Rustikales Künstler- und Studentenbeisl mit Garten. $

Stieglkeller, Festungsgasse 10, ☏ 84 26 81-0. Biergarten mit herrlicher Aussicht auf die Stadt. Eigener Kinderspielplatz. Oktober bis Mai geschlossen. $$

Stiftskeller St. Peter, St. Peterbezirk 1, ☏ 84 84 81-0. Der Weinkeller blickt auf bald 1200 Jahre ruhmreiche Vergangenheit zurück. $$

Cafés

Bazar, Schwarzstraße 3, ☏ 87 42 78. Bunt gemischtes Publikum, vom Studenten bis zum Festspielstar. So geschlossen, außer zur Festspielzeit.

Glockenspiel, Mozartplatz 2, ☏ 84 14 03-0. Unter den Augen Mozarts ist an den vielen Tischen im Freien stets ein Plätzchen frei.

Mozart, Getreidegasse 22/I, ☏ 84 37 46. Der gemütliche Ruhepol in der brodelnden Gasse verwandelt sich abends in ein Feinschmeckerlokal. $$$

Tomaselli, Alter Markt 9, ☏ 84 44 88. Die Balkonplätze mit Blick auf Markt und Residenzplatz sind heiß begehrt. Das Treiben auf den Straßen ist besser vom schattigen Kastaniengarten aus zu betrachten.

Winkler (Café und Restaurant), Mönchsberg 32, ☏ 8 47 73 80. Die abgetreppte Terrasse bietet viele Plätze mit traumhaft schöner Aussicht. Mo bzw. während der Festspielzeit Di Ruhetag. $$$

Salzburg am Abend

Das Salzburger Landestheater beim Mirabellgarten.

Theater

Landestheater, Schwarzstr. 22 und 24, 87 15 12-0, ℻ 87 15 12-70. Oper, Operette, Musical, Schauspiel und Ballett.

Elisabethbühne, Plainstr. 42, ☎ 88 03 36, ℻ 88 03 35. Modernes Schauspiel, aber auch Klassiker.

Marionettentheater, Schwarzstr. 24, ☎ 87 24 06-0, ℻ 88 21 41. Aufführungen ganzer Opern in reichen Dekorationen.

Puppentheater „Le Parapluie", Itzlinger Hauptstr. 37, ☎ 5 35 74, ℻ 45 24 39. Märchen- und Kasperltheater für das jüngste Publikum und für Junggebliebene.

Hölzerne Gesangstars aus dem Marionettentheater.

Konzerte

Festungskonzerte im Fürstenzimmer der Festung Hohensalzburg. Karten: Anton-Adlgasser-Weg 22, ☎ 8 25 85 80, ℻ 82 58 59.

Mozart-Serenaden. Die Musiker spielen in historischen Kostümen im Gotischen Saal des Bürgerspitals, im Schloß Hellbrunn oder im Mozarteum. Konzertdirektion Nerat, 5071 Salzburg-Siezenheim, Holzmeisterstraße 342, ☎ 85 11 68, ℻ 85 30 73.

Schloßkonzerte. Hochkarätige Kammermusik im Schloß Mirabell und in der Residenz. Konzertdirektion, Makartplatz 9, ☎ 84 85 86, ℻ 84 47 47.

Gemütliches Kaffeehaus mit Tradition: das Tomaselli.

Kartenbüros

Adventsingen: Salzburger Heimatwerk, Residenzplatz 9, ☏ 84 31 82, 📠 84 45 75.

Fest in Hellbrunn: Postfach 47, 5027 Salzburg, ☏ 87 87 84, 📠 83 28 60.

Osterfestspiele: Hofstallgasse 1, ☏ 80 45-3 61, 📠 84 01 24.

Pfingstkonzerte: Hofstallgasse 1, ☏ 84 13 07, 📠 84 01 24.

Salzburger Festspiele: Postfach 140, Hofstallgasse 1, ☏ 80 45-3 22, 📠 84 66 82.

Szene (Theater- und Tanzfestival): Anton-Neumayr-Platz 2, ☏ 84 34 48, 📠 84 68 08.

Karten für alle kulturellen Veranstaltungen auch beim Salzburg Ticket Service, Mozartplatz 5, ☏ 84 22 96, 84 03 10, 📠 84 24 76.

Bars und Pubs

Salzburgs „Bermuda-Dreieck“ setzt sich aus parallel verlaufenden Straßen zusammen: Rudolfskai, Imbergstraße und Steingasse.

Vis-à-Vis, Rudolfskai 24 , ☏ 84 12 90. Im Steingewölbe stehen Ohrensessel.

Andreas Hofer, Steingasse 65, ☏ 87 27 69. Urige Atmosphäre.

Bazillus, Imbergstr. 2a, ☏ 87 16 31. Eigener Garten.

Saitensprung, Steingasse 11, ☏ 88 13 77. Schickeria-Treff bis 2 Uhr morgens.

Schroeder, Imbergstr. 22, ☏ 64 05 65. Mintgrünes Ambiente und interessante Cocktailkarte.

Jazz

Mexicano-Keller, Getreidegasse 43, ☏ 84 24 91. Fr und Sa Jazz und Swing bei Chili con carne.

Verkehr

Autofahrer: Die Salzburger Innenstadt ist nicht für den Autoverkehr geschaffen, die Straßen sind eng, oft verstopft, und es gibt wenig Parkmöglichkeiten. Die Stadtverwaltung bemüht sich, die Autos durch Ausweitung der verkehrsberuhigten bzw. der Fußgängerzone und der Kurzparkzonen (mit Parkscheinautomaten) vom Stadtkern fernzuhalten. Ortsfremde stellen ihr Auto besser an einem der Großparkplätze am Stadtrand ab: Park&Ride-Süd, Alpenstraße (Endstation der Buslinien 51 und 95; ganzjährig) und Park&Ride-SAZ (Salzburger Ausstellungszentrum, eigene Autobahnausfahrt; Shuttle-Service im Juli und Aug.).

Die Altstadt läßt sich ohnehin leichter zu Fuß erkunden, und das Netz der öffentlichen Verkehrsmittel ist gut.

Parkmöglichkeiten in der Innenstadt: Altstadt-Garagen im Mönchsberg (🕓 0–24 Uhr). Hypo-Garage, Nonntal (🕓 Juni–Sept. tägl. 7–23 Uhr, Okt.–Mai So und Fei geschl.). Kiesel-Garage, Rainerstraße 21 (🕓 zu den Geschäftszeiten). Mirabell-Garage, Mirabellplatz (🕓 7–24 Uhr). WIFI-Garage, Julius-Raab-Platz 2 (🕓 zu den Geschäftszeiten). (Die Gebühren betragen zwischen 25 und 30 öS je Stunde.)

Automobilklubs: SAMTC, ☏ 62 05 01-0, Pannendienst ☏ 1 20. ARBÖ, ☏ 43 36 01-16, -17; Pannendienst ☏ 1 23.

Flughafen: Innsbrucker Bundesstr. 95, ☏ 80 55-0, 85 20 91. Anbindung an die Innenstadt: Bus 77 oder Taxi.

Eisenbahn: Hauptbahnhof, Südtiroler Platz, Zugauskunft: ☏ 17 17. Lokalbahnhof, Südtiroler Platz, ☏ 87 21 45.

Autobus: Busbahnhof, Südtiroler Pl., Auskunft ☏ 1 67, 5 17 22-2 38 (Post), 88 87-53 43 oder 87 21 50 (ÖBB).

Citybus: Während der Geschäftszeiten verkehren bequeme Citybusse in kurzen Abständen zwischen dem Parkplatz Nonntal, der Innenstadt (Alter Markt) und dem Herbert-von-Karajan-Platz (Altstadtgaragen). Das Ticket kostet 7 öS.

Städtische Busse: Der Bus ist das einzige Verkehrsmittel in Salzburg. Einzelfahrkarten (21 öS) können beim Fahrer gelöst werden. Im Fünferblock kosten die Einzelfahrscheine 72 öS. Günstig ist das 24-Stunden-Ticket zu 30 öS. Wer länger in Salzburg bleibt, fährt mit der Wochenkarte zu 112 öS besonders preiswert; allerdings ist für sie ein Lichtbild erforderlich.

Alle Tickets gibt es auch für Kinder – zum halben Preis.

Fahrkarten und Netzpläne erhält man in den Informationsstellen der Stadt Salzburg (s. S. 93), in den Zeitkartenbüros (Griesgasse 21, Südtiroler Platz 42 [Lokalbahnhof], Alpenstr. 91) sowie in allen Tabaktrafiken.

Taxi: Funktaxi ☎ 81 11. Auskünfte und Vorbestellungen ☎ 87 44 00. Standplätze u. a. Bahnhof, Alter Markt, Rudolfsplatz.

Fiaker: Standplatz auf dem Residenzplatz. Preis pro Gespann (bis 4 Personen) 350 öS für 20–25 Minuten, 680 öS für ca. 50 Minuten.

Fahrrad: Im Sommer besteht ein Verleih auf dem Residenzplatz. Weitere Verleihstellen: Hauptbahnhof, Schalter 3, ☎ 88 87-54 27 (ganzjährig). Velo-Fahrrad, Willibald-Hauthaler-Str. 10, ☎ 43 88 23 (ganzjährig).

Festungsbahn: Talstation in der Festungsgasse; die Festungsbahn verkehrt im 10-Minuten-Takt. Berg- und Talfahrt für Erwachsene 28 öS, für Kinder ab 6 Jahre 14 öS.

Mönchsbergaufzug: Talstation in der Gstättengasse 13. Täglich 7–3.30 Uhr. Berg- und Talfahrt für Erwachsene 19 öS, für Kinder von 6 bis 15 Jahre 9,50 öS.

Musik in der Mozartstadt: im Konzertsaal wie auf der Straße.

Mit dem Bundesbus kommt man in Salzburg überall hin …

… Fiaker hingegen zockeln nur in der Altstadt.

Wege durch die Altstadt

Weg 1

Wie eine steinerne Krone beherrscht die

** **Festung Hohensalzburg** ❶ das Bild der Stadt. Selbst wer keine Zeit für eine Besichtigung hat, sollte von der großen Kuenburg-Bastei einen Blick auf Häuser und Gassen zu ihren Füßen werfen. Doch es lohnt sich, der Festung einige Stunden zu widmen, zählt sie doch zu den größten und besterhaltenen Burgen Europas. Die Talstation der Festungsbahn befindet sich am Beginn der Festungsgasse. Wer sich zu Fuß auf den Weg hinauf macht (Treppe neben der Talstation), kann sich von der Steilheit des Felsens (545 m, 119 m über der Stadt) und von der Stärke der gesamten Anlage überzeugen.

Bereits in römischer Zeit stand eine Zitadelle auf dem Felsen. Den Anfang einer Wehranlage setzte Erzbischof Gebhard (1060–1088), nachdem er im Investiturstreit für den Papst und gegen den deutschen König Partei ergriffen hatte und sich vor Angriffen der Königstreuen schützen mußte. Die heutige Gestalt geht im wesentlichen auf die Bautätigkeit unter Leonhard von Keutschach (1495–1519) zurück. Da die Erzbischöfe nicht nur Männer der Kirche waren, sondern auch mächtige Landesfürsten, mußte die Festung sie wiederholt gegen Bedrohung von außen und gegen Aufstände im Inneren des Landes schützen. Die Erfahrungen aus diesen Bewährungsproben wurden in die ständigen Ausbauten eingebracht. Die Burg ist daher wie ein Lehrbuch des Festungswesens: Die Aufgaben der vielen unterschiedlichen Gebäude erläutern Tafeln an jeweiligen Außenmauern.

Im äußeren Burghof stehen eine hunderte Jahre alte Linde und die *Zisterne*. An der Außenmauer der *Georgskirche* befindet sich ein imposantes Marmordenkmal für den Bauherren Leonhard von Keutschach, das er selbst in Auftrag gegeben hat.

Das Innere der Burg ist nur im Rahmen einer Führung zu besichtigen. Die fürstlichen Wohn- und Festräume im „Hohen Stock" gehören zu den schönsten profanen Räumlichkeiten der europäischen Spätgotik. Hervorzuheben sind der *Goldene Saal* mit prachtvoller Holzvertäfelung und Schnitzwerk sowie die *Goldene Stube,* in der ein bunter, ungewöhnlich kunstvoll gestalteter Kachelofen (1501) steht. Eine Besonderheit ist der *Salzburger Stier,* eine der wenigen erhaltenen Freiorgeln (1502). Das Hornwerk wurde bald nach der Entstehung mit einem Walzenwerk verbunden. Vom Palmsonntag bis zum 31. Oktober ist täglich um 7, 11 und 18 Uhr als Antwort auf das Glockenspiel (s. S. 40) das „Geschrei" des Stiers zu hören.

(Basteien und Burghof: 🕓 Jan.–März und Okt.–Dez. tägl. 8–18 Uhr, April bis Sept. tägl. 8–19 Uhr. Führungen durch die Innenräume (ca. 40 Min.): Jan.–Mai und Okt.–Dez. tägl. 9–16.30 Uhr, Juni–Sept. tägl. 9–18.30 Uhr.)

Benediktinerinnenabtei Nonnberg ❷. Die Abtei wurde um 700 vom hl. Rupert gegründet. Er setzte seine Nichte, die hl. Erentrudis, als erste Äbtissin ein. Es ist das älteste Frauenkloster im deutschsprachigen Raum, das ununterbrochen besteht. Daher können auch nur die Kirche und die Johanneskapelle besichtigt werden. Vom romanischen Vorgängerbau der *Kirche,* der 1423 abbrannte, sind noch das Tympanon und der Türsturz des Südportals erhalten. Die Gewändefiguren des Südportals entstanden Ende des 15. Jhs. im Zuge des Neubaus und stellen Kaiser Heinrich II. (Förderer des romanischen Kirchenbaus), Maria (Kirchenpatronin), den hl. Rupert und die hl. Erentrudis dar. Im Nonnenchor überlebten Fresken (um 1140), die aber wegen Restaurierungsarbeiten auf längere Zeit nicht besichtigt werden können.

Man sollte sich jedoch bei der Klosterpforte den Schlüssel für die *Johanneskapelle* (1448–1451) holen. Ihr Flügelaltar (1498) wird dem Umkreis des Veit Stoß zugeschrieben.

Fußweg zur trutzigen Festung Hohensalzburg.

Weg 2

Am *Mozartplatz* ❸ wurde 1842 feierlich das von Ludwig Michael von Schwanthaler geschaffene Mozartdenkmal enthüllt. Es zeigt den Komponisten in wallendem Mantel, wie er mit der Feder in der Hand im Begriff ist, inspiriert den Parnaß, den Berg der Musen, hinanzusteigen. Wahrscheinlich würde sich Mozart lieber weniger pathetisch bergan und statt dessen auf das einladende „Café Glockenspiel" zuschreiten sehen, das zum weiten

Die Goldene Stube – Prunkstück der Burganlage.

* **Residenzplatz** ❹ überleitet. Er ist das Herz der barocken „Fürstenstadt", deren Bau Erzbischof Wolf Dietrich um 1600 ehrgeizig vorantrieb. Zahlreiche mittelalterliche Häuser mußten dem repräsentativen Platz weichen, der mit dem frühbarocken Residenzbrunnen einen markanten Mittelpunkt erhielt. Die vier wasserspeienden Meeresrösser können täglich ihre lebenden vierbeinigen Genossen beobachten, die hier als Fiakergespann auf Gäste warten. Der Residenzplatz wird von mehreren sehenswerten Gebäuden eingerahmt, u. a. von der *Michaelskirche* ❺ und vom

Residenz-Neugebäude ❻. Um seine fürstlichen Gäste standesgemäß unterzubringen, begann Erzbischof Wolf Dietrich 1588 mit dem Bau dieser ehemals vierflügeligen Anlage. Schlicht ist sie nur äußerlich: Innen enthält sie Prunkräume mit prächtiger Deckengestaltung. Die schweren frühbarocken Stuckdekorationen waren die ersten ihrer Art nördlich der Alpen. Da die

Wolfgang Amadeus Mozart, arg stilisiert auf dem Mozartplatz.

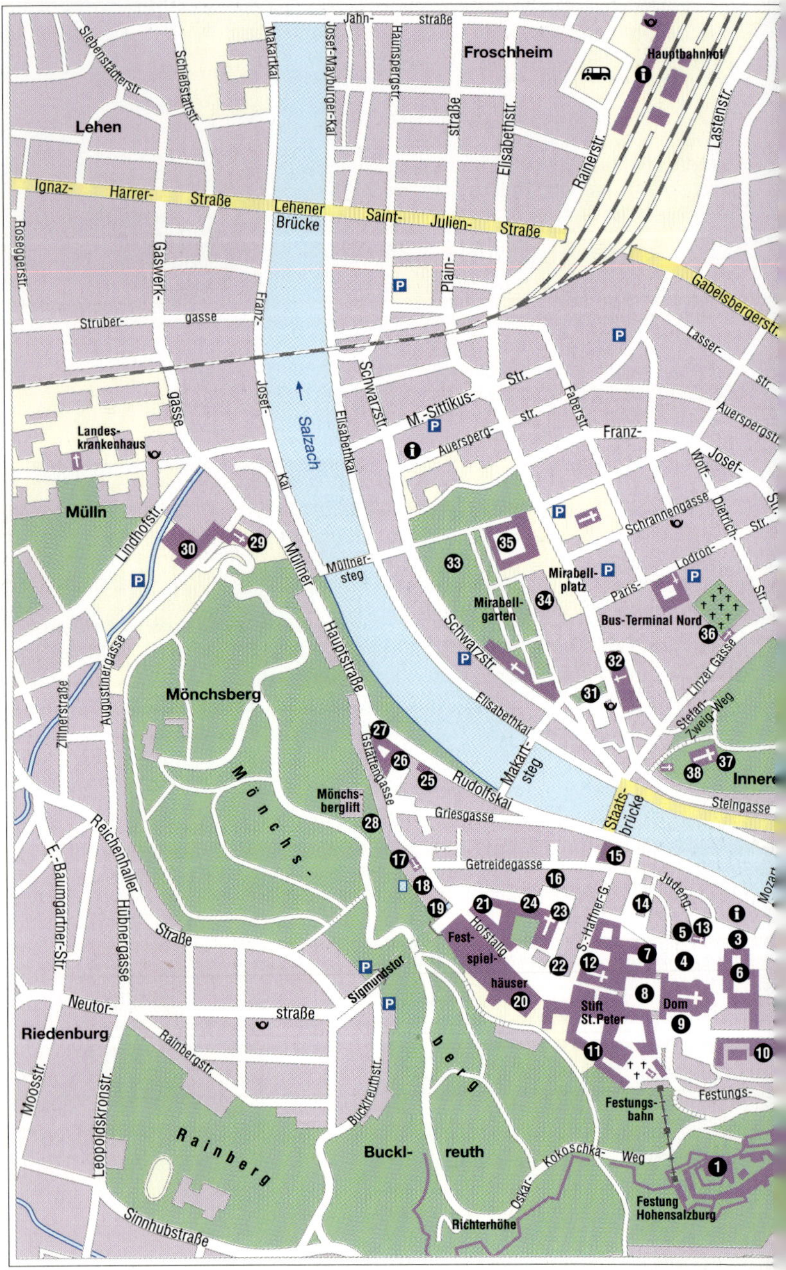
Jahn-
straße
Froschheim
Hauptbahnhof
Siebenstädterstr.
Schießstattstr.
Makartkai
Josef-Mayburger-Kai
Haunspergstr.
straße
Elisabethstr.
Rainerstr.
Lastenstr.
Lehen
Ignaz-
Harrer-
Straße
Lehener
Brücke
Saint-
Julien-
Straße
Gabelsbergerstr.
Roseggerstr.
Gaswerk-
gasse
Franz-
Josef-
Kai
Plain-
Struber-
gasse
Lasser-
str.
Schwarzstr.
Salzach
Elisabethkai
M.-Sittikus-
Str.
Auersperg-
str.
Faberstr.
Franz-
Josef-
Str.
Auerspergstr.
Wolf-
Dietrich-
Str.
Landes-
krankenhaus
Mülln
Lindhofstr.
Schrannengasse
30
29
35
33
Müllner
steg
Müllner
Hauptstraße
Mirabell-
platz
Lodron-
Str.
Paris-
Mirabell-
garten
34
Bus-Terminal Nord
36
Augustinergasse
Mönchsberg
Schwarzstr.
32
Linzer Gasse
Elisabethkai
31
Stefan-
Zweig-Weg
Zillnerstraße
27
Gstättengasse
26
25
Rudolfskai
Makart-
steg
38
37
Innere
Mönchs-
berglift
Griesgasse
Staats-
brücke
Steingasse
Mönchs-
28
Reichenhaller
Straße
17
Getreidegasse
15
16
18
Judeng.
E.-Baumgartner-Str.
Hübnergasse
19
21
24
23
S.-Haffner-G.
14
5
13
Mozart
Fest-
spiel-
häuser
Hofstallg.
22
12
7
4
3
6
Sigmundstor
8
Neutor-
straße
20
Stift
St. Peter
Dom
9
Riedenburg
Rainbergstr.
berg
11
10
Festungs-
bahn
Festungs-
Moosstr.
Leopoldskronstr.
Bucklreuthstr.
Rainberg
Buckl-
reuth
Kokoschka-
Weg
1
Oskar-
Festung
Hohensalzburg
Richterhöhe
Sinnhubstraße

1 Festung Hohensalzburg
2 Benediktinerinnenabtei Nonnberg
3 Mozartplatz
4 Residenzplatz
5 Michaelskirche
6 Residenz-Neugebäude
7 Residenz
8 Domplatz
9 Kapitelplatz
10 Erzbischöfliches Palais
11 Stift St. Peter
12 Franziskanerkirche
13 Waagplatz
14 Alter Markt
15 Rathaus
16 Mozarts Geburtshaus
17 Bürgerspitalskirche St. Blasius
18 Bürgerspital
19 Hofmarstallschwemme
20 Festspielhäuser
21 Alte Universität
22 Rupertinum
23 Kollegienkirche
24 Universitätsplatz
25 Salzburger Museum Carolino Augusteum
26 Haus der Natur
27 Markuskirche
28 Café Winkler
29 Müllner Pfarrkirche
30 Augustiner-Bräu
31 Makartplatz
32 Dreifaltigkeitskirche
33 Mirabellgarten
34 Barockmuseum
35 Schloß Mirabell
36 Sebastianskirche
37 Kapuzinerkloster
38 Hettwer-Bastei

Räume der Landesregierung zu Repräsentationszwecken dienen, ist die Besichtigung nur eingeschränkt möglich (☏ 80 42-26 90). Der Bau wurde von späteren Erzbischöfen erweitert. Die originellste Zutat ist das *Glockenspiel,* das Fürsterzbischof Johann Ernst Thun 1695 in Antwerpen kaufte. 35 Glocken lassen um 7, 11 und 18 Uhr Melodien u. a. von Haydn und Mozart erklingen.

Die Westseite des Residenzplatzes nimmt die

Residenz ❼ ein, deren Ursprünge bis ins Mittelalter zurückreichen, als sich der Erzbischof, der seit 987 nicht mehr gleichzeitig die Abtwürde von St. Peter innehatte, einen eigenen Bischofssitz errichtete. Das heutige Erscheinungsbild ist allerdings Resultat zahlreicher Um- und Neubauten, die Erzbischof Wolf Dietrich schon vor 1600 begann und die erst im späten 18. Jh. beendet waren. Der Komplex umgibt drei Höfe. Das Marmorportal am Residenzplatz führt in den architektonisch eindrucksvoll gegliederten Ehrenhof. Durch den dreibogigen Portikus mit dem Herkulesbrunnen gelangt man links zum Treppenaufgang, der zu den Prunkräumen führt. An der kostbaren Ausgestaltung der Repräsentationsräume und erzbischöflichen Privatgemächer wirkten so namhafte Künstler wie Johann Michael Rottmayr, Martino Altomonte, Johann Lukas von Hildebrandt und Antonio Beduzzi mit. Im dritten Geschoß befindet sich die *Residenzgalerie* mit europäischer Malerei des 16. bis 19. Jhs. (40minütige Führungen durch die Prunkräume: Juli/Aug. tägl. 10–12 und 13–16.40 Uhr alle 30 Min., Sept. bis Juni Mo–Fr 10, 11, 12, 14, 15 Uhr. – Galerie: ⌚ tägl. 10–17 Uhr, Okt.–März Mi geschl.).

Ursprünglich wollte Wolf Dietrich auch die Fassade des

***Doms** auf den Residenzplatz ausrichten, nachdem die Kirche 1598 einem Brand zum Opfer gefallen war. Doch sein Nachfolger Markus Sittikus machte diese Pläne rückgängig, als er seinen Hofarchitekten Santino Solari mit dem Wiederaufbau beauftragte. Es blieb bei der Ausrichtung, wie sie der Bau seit 1181 hatte. Solari orientierte sich am italienischen Kirchenbau.

Er schuf mit der Westseite des Doms die erste Doppelturmfassade der nachmittelalterlichen Architektur nördlich der Alpen; sie wurde zum Vorbild vieler Kirchen im süddeutschen Raum. Man betritt die Vorhalle durch drei Bogenöffnungen, die von den Figuren der Heiligen Virgil und Rupert (außen) sowie Petrus und Paulus (innen) flankiert werden. Das weite tonnengewölbte Langhaus wird von Kapellenreihen gesäumt und führt in die lichtdurchflutete Anlage des Chores und der Querarme, die wie drei Kleeblätter um die kuppelüberwölbte Vierung angeordnet sind. Die Deckenmalerei der Kuppel und angrenzender Felder mußte nach den schweren Bombenschäden im Zweiten Weltkrieg rekonstruiert werden.

Die Ausstattung des Doms stammt überwiegend aus dem 17. Jh., aus dem alten Dom blieb nur das Taufbecken (1321) auf vier Löwen (12. Jh.) erhalten. ⌚ *Dom:* Mo–Sa 6.30–17, So 8.30 bis 17 Uhr. *Domgrabungsmuseum,* Eingang am Residenzplatz: Mai–Okt. Mi bis So 9–17 Uhr. *Dommuseum,* Eingang in der Vorhalle: Mitte Mai bis Mitte Okt. Mo–Sa 10–17 Uhr, So 11–17 Uhr).

Die Westfassade des Doms wird vom

Domplatz ❽ gleich einem Vorhof umgeben. Sie gibt die eindrucksvolle Kulisse für die alljährlichen Aufführungen des „Jedermann“ ab, die unter den Augen der Heiligen Virgil und Rupert (mit Bischofsstab) sowie Petrus (mit Schlüssel) und Paulus (mit Schwert) stattfindet. Die Mariensäule schufen 1766–1771 die Brüder Hagenauer. Sie war schon beim Bau der Domfassade vorgesehen, denn wenn man unter den Arkaden im Westen des Platzes stehend die Maria betrachtet, halten die beiden Engel, die auf dem Giebel des Mittelfensters der Fassade sitzen, die Krone genau über das Haupt der Gottesmutter.

Auch die großzügige Anlage des

Kapitelplatzes ❾ geht auf die Planung Wolf Dietrichs zurück. Die Pferdeschwemme mit dem Poseidon auf dem Meeresroß entstand 1732 im Auftrag des Erzbischofs Leopold Anton Firmian. Links davon liegt das

Erzbischöfliche Palais ❿. Die palastartigen Bauten zur Kapitelgasse und Kaigasse waren seit dem 17. Jh. Verwaltungssitz des Domkapitels, d. h. des Kollegiums der Priester, bzw. deren Wohnhäuser (Kanonikalhöfe). Ab 1864 dienten sie den Erzbischöfen als Residenz.

Im Westen erstreckt sich die weitläufige Anlage von

*** Stift St. Peter ⓫**. Den ältesten Teil erblickt man beim Durchqueren des am Fuße des Mönchsberg gelegenen, stimmungsvollen *Petersfriedhofs*. Bereits in der Spätantike sollen die Katakomben in den Fels geschlagen worden sein. Das Kloster wurde vom hl. Rupert um 696 reorganisiert und erlebte seine erste Blüte unter dem hl. Virgil. Jede Epoche hat in der Baugeschichte dieser Anlage ihre Spuren hinterlassen. Ein markantes Beispiel dieser Vermischung ist der romanische Turm der *Stiftskirche* mit seinem barocken Helm. Auch die Vorhalle zeigt, daß die Kirche im Kern hochromanisch ist.

Die spätbarocke Umgestaltung erfolgte unter Abt Beda Seeauer (1753–1786). Fast alle Altarbilder schuf Martin Johann Schmidt („Kremser Schmidt“) 1775–1782 in seiner typischen Hell-Dunkel-Malerei. Leider liegt der romanisch-gotische *Kreuzgang* nördlich der Kirche im Bereich der Klausur und ist für die Öffentlichkeit nicht zugänglich. Rechts vom Kircheneingang ist man jedoch hochwillkommen: im *„Peterskeller“*. Die traditionsreiche Gaststätte wurde schon 803 als Weinkeller gerühmt.

Einem Erzbischof würdig: Eingang zur Residenz.

Blick auf den Dom vom Weg zur Festung aus.

Poseidon hoch zu Pferde – am Kapitelplatz.

Unbeeindruckt von den Besuchermassen: der Petersfriedhof.

Über den *Stiftshof* mit dem Petersbrunnen (ursprünglich als Fischbehälter genutzt) gelangt man zur

***Franziskanerkirche** ⓬, die man durch ihr Westportal (in der Sigmund-Haffner-Gasse) betreten sollte. Auf diesem Weg schreitet man durch das dunkle Langhaus des romanischen Kirchenbaus (geweiht 1223) auf den lichtdurchfluteten spätgotischen Hallenchor zu, der 1422 vom berühmten Baumeister Hans von Burghausen begonnen wurde. In seiner Mitte bietet der Hochaltar Johann Bernhard Fischers von Erlach (1709) der spätgotischen Marienfigur von Michael Pacher einen würdigen Rahmen. Das wie eine Hausfassade wirkende Oratorium über dem Langhaus ließ Wolf Dietrich als Verbindung zur Residenz schaffen.

Weg 3

Der *Waagplatz* ⓭ war in mittelalterlicher Zeit der Hauptplatz von Salzburg mit Markt, Getreidespeicher, Gerichtshaus, Rathaus und Stadtwaage, Gasthof usw. Im *Haus Nr. 1a* wurde 1887 Georg Trakl geboren (einstündige Führungen Mo–Fr 11 und 14 Uhr). Gedichte des frühexpressionistischen Lyrikers, der sich mit 27 Jahren das Leben nahm, sind heute an mehreren Punkten der Stadt in Marmor gemeißelt zu lesen. – Dem

Alten Markt ⓮ verleihen die zart stuckierten, pastellfarbenen Fassaden (18./19. Jh.) und der blumengeschmückte Marktbrunnen mit seinem feinen Spiralgitter und der Figur des hl. Florian eine heitere Atmosphäre. Eine Kuriosität ist das kleinste Haus der Stadt (Nr. 10a). In der alten fürsterzbischöflichen *Hofapotheke* kann man noch immer Arznei kaufen – und dabei die spätbarocke Einrichtung bewundern. Das *„Café Tomaselli"* besteht seit 1703.

Das *Rathaus* ⓯ mit seinem Glockentürmchen wurde 1407 errichet, als sich die Bürgerschaft zu emanzipieren suchte. Auch die Fassade von 1772 strahlt Bescheidenheit aus, denn noch immer wurde die Stadt von den Erzbischöfen dominiert, die eifersüchtig darüber wachten, daß sich bürgerliches Selbstbewußtsein nicht in architektonischer Prachtentfaltung äußerte. Nur bei der Gestaltung der „Durchhäuser" – Passagen zwischen den Straßen – besaßen die Bürger mehr Freiheit. Sie gehen von der *Getreidegasse* aus, einem der ältesten Straßenzüge Salzburgs. Bereits 1363 urkundlich erwähnt wurde das Schatz-Durchhaus (Nr. 3) mit seinem hübschen Innenhof. Ein Wald aus alten und auf alt gemachten Ladenschildern zeigt an, daß man sich in der Einkaufsstraße der Stadt befindet. Die Getreidegasse ist auch der Pilgerpfad der Mozartliebhaber: In ihr steht

***Mozarts Geburtshaus** ⓰. Hier erblickte Wolfgang Amadeus am 27. Januar 1756 das Licht der Welt, hier lebte er bis zum Umzug der Familie in das Haus am Makartplatz (s. S. 46) im Jahr 1773. Die Mozartsche Wohnung im dritten Stock und die Räume im zweiten sind als Museum eingerichtet (🕓 tägl. 9–18 Uhr, Ende Juni bis Anf. Sept. bis 19 Uhr). – Die

Bürgerspitalskirche St. Blasius ⓱, eine der ältesten gotischen Hallenkirchen (1330–1350), besitzt eine über die Kirchenmitte reichende Empore, auf der einst die Kranken am Gottesdienst teilnehmen konnten. Ein besonderes Schmuckstück ist der Sakramentsschrein von 1480 in Form einer Kirche (links vom Hochaltar).

Im Süden schließt das ehemalige *Bürgerspital* ⓲ an, das 1327 gestiftet wurde. Der schöne dreistöckige Arkadenhof entstand in der Renaissancezeit. Heute ist in dem Gebäude u. a. ein *Spielzeugmuseum* untergebracht (🕓 Di bis So 9–17 Uhr).

Die **Hofmarstallschwemme* ⓳ entwarf in ihrer ursprünglichen Form 1695 Johann Bernhard Fischer von Erlach. Die Skulpturengruppe des Rossebändigers

„Zu Salzburg weiß ich nicht, wer ich bin"

Mozart und seine Heimatstadt

Viel Zeit hat Wolfgang Amadeus Mozart in der Getreidegasse 9, wo er am 27. Januar 1756 zur Welt kam, nicht verbracht. Schon mit sechs Jahren ging er zusammen mit seiner vier Jahre älteren Schwester Nannerl auf Konzertreise. Der Vater, Geiger in der Salzburger Hofkapelle, wollte das Wunderkind der Welt nicht vorenthalten. Und das Publikum war begeistert: Eine Tournee folgte der anderen. Mit dreizehn Jahren erhielt Mozart die – allerdings unbesoldete – Stelle eines dritten Konzertmeisters am Salzburger Hof. Eine Bezahlung gewährte ihm erst Hieronymus Graf von Colloredo, als er 1772 Salzburgs neuer Erzbischof wurde. Ein Jahr später bezog die Familie Mozart eine große Wohnung im Tanzmeisterhaus. Hier war Platz genug, um Hauskonzerte zu geben. Aber die Mozarts waren weiterhin mehr unterwegs als zu Hause, sehr zum Unmut des Erzbischofs, der es lieber gesehen hätte, daß seine Musiker ihren Dienst am Hofe erfüllten. Doch im provinziellen Salzburg fühlte sich Mozart fehl am Platz. 1777 kündigte er und suchte eine Stelle an einem der großen europäischen Fürstenhöfe, ohne Erfolg. Notgedrungen nahm er die Berufung zum Salzburger Hoforganisten an. Nur anderthalb Jahre später verließ er nach einem Streit mit dem Erzbischof und dem „berühmten" Fußtritt des Grafen Arco Salzburg und ging nach Wien.

Nur einmal sah er seine Geburtsstadt wieder, als er dem Vater, der ihm wegen der unerwünschten Heirat grollte, endlich doch seine junge Frau Constanze vorstellte.

(von Bernhard Michael Mandl) blickte auf die ebenfalls von Fischer entworfene Fassade des einstigen Hofmarstalls. Einige Jahrzehnte später wurde die Gruppe im Rahmen einer Umgestaltung der Pferdeschwemme um 90 ° gedreht.

Festspielhäuser ⑳. Die unter Wolf Dietrich errichteten Stallungen erhielten bis zum Ende des 17. Jhs. eine Winter- und eine Sommerreitschule. 1925 baute Eduard Hütter eine im 19. Jh. angefügte Militärreitschule zum Festspielhaus um, das bereits im Folgejahr und dann 1936/37 durch Clemens Holzmeister eine erneute Umgestaltung und Vergrößerung erfuhr.

Doch mit der Popularität der Salzburger Festspiele wuchs auch der Raumbedarf. 1956 bis 1960 entwarf Clemens Holzmeister das *Große Festspielhaus*, unter Beibehaltung der Fassade des Hofmarstalls und mit einem zum Teil in den Mönchsberg hineingebauten 60 m

Wolfgang Amadeus Mozart.

In der alten Hofapotheke.

hohen Bühnenhaus. Aus dem alten wurde das *Kleine Festspielhaus.* Die Sommer- bzw. *Felsenreitschule,* mit den nach Plänen von Fischer von Erlach kühn in den Fels geschlagenen Arkaden, war bereits in den Anfangsjahren der Festspiele als Freilichtbühne genutzt worden; 1968/69 folgte eine Umgestaltung und Überdachung nach Plänen von Clemens Holzmeister.

Die drei Spielorte bieten heute rund 5000 Zuschauern Platz. Die Winterreitschule mit dem Deckenfresko von Johann Michael Rottmayr und Christoph Lederwasch (1690) dient als Pausenfoyer.

Die den Festspielhäusern gegenüberliegende Seite der Hofstallgasse wird von der *Alten Universität* ㉑ gesäumt, errichtet zwischen 1618 und 1655. Der langgestreckte Gebäudekomplex öffnet sich am Max-Reinhardt-Platz zum Wilhelm-Furtwängler-Park, einer kleinen Grünoase, deren Eingang vom „Wilden Mann" auf dem Fischbrunnen bewacht wird.

Den Abschluß des Platzes bildet das *Rupertinum* ㉒ mit der von Friedensreich Hundertwasser aus bunt glänzenden Keramikfliesen verzierten Fassade. Es enthält eine bedeutende Kunstsammlung mit Werken des 20. Jhs. (Malerei, Graphik, Plastik und Fotografie; ◷ Di–So 10–17, Mi bis 21 Uhr, Juli bis Sept. tägl. 10–18, Mi bis 21 Uhr).

Den Universitätskomplex beschließt die

*** Kollegienkirche** ㉓, ein Meisterstück Johann Bernhard Fischers von Erlach. Die Fassade mit dem vorgewölbten Mittelteil und den flankierenden Türmen wurde zum Vorbild vieler bedeutender Barockbauten im süddeutschen Raum. Das Innere überrascht durch seine Höhe und strenge Gliederung. Einen Kontrast dazu bildet die Gestaltung des Chorabschlusses, wo eine Engelschar auf stuckierten Wattewölkchen die Strahlenkranzmadonna umschwirrt.

Der *Universitätsplatz* ㉔ bietet ein buntes Bild, wenn am Samstagvormittag der Grünmarkt abgehalten wird und Bauern und Händler ihre Stände aufgebaut haben.

Weg 4

Die *Gstättengasse* mit ihren hohen, an den Fels des Mönchsbergs gelehnten Bürgerhäusern führt zum Anton-Neumayr-Platz, an den der Museumsplatz anschließt. Hier steht das *Salzburger Museum Carolino Augusteum* ㉕. Im Haupthaus (Nr. 1) werden interessante Objekte zur Geschichte der Stadt, ihrer Kunst und Kultur gezeigt (◷ Mi–So 9–17, Di 9–20 Uhr, während der Festspiele und im Advent auch Mo 9–17 Uhr).

Das *Haus der Natur* ㉖ ist mehr als ein Naturkundemuseum: eine originelle Erlebniswelt mit Weltraumhalle, Aquarium, Reptilienzoo und vielem mehr (◷ tägl. 9–17 Uhr).

Die ehemalige Ursulinenkirche heißt heute *Markuskirche* ㉗. Ihr Grundriß in Form eines Tortenstücks war eine Herausforderung für den Architekten Johann Bernhard Fischer von Erlach. Sie wurde errichtet, nachdem ein gewaltiger Bergsturz am 16. Juli 1669 den Vorgängerbau zerstört hatte. 220 Menschen kamen damals ums Leben. Seither klopfen „Bergputzer" die Stadtberge jedes Frühjahr nach lockerem Gestein ab. – Auf den

Mönchsberg kommt man ohne viel Anstrengung mit einem Lift (Zugang Gstättengasse 13). Im *„Café Winkler"* ㉘ genießt man eine prächtige Aussicht auf die Stadt und ihre nähere Umgebung. Dieser Luxus scheint allerdings auf die Preise aufgeschlagen worden zu sein! Da lohnt es sich vielleicht, nach einem kurzen Rundblick noch ein paar hundert Meter weiter nach

Barockes Meisterwerk: die Kollegienkirche.

Mülln zu spazieren. Dort bildet die erhöht auf einer Terrasse gelegene *Müllner Pfarrkirche* ㉙ einen markanten Abschluß des Altstadt-Ensembles. Ein kurzer Kunstgenuß – das 1738 mit zierlichem barocken Laub- und Bandelwerk stuckierte Innere der spätgotischen Wandpfeilerkirche wurde erst jüngst renoviert –, dann geht es die Treppe hinab zur verdienten Rast im weiträumigen Kellergewölbe des gegenüberliegenden *„Augustiner-Bräu“* ㉚, ein Braugasthof mit einem im Sommer stark frequentierten Biergarten.

Weg 5

Der *Makartplatz* ㉛ ist gesäumt von Bauwerken des 18. und 19. Jhs. Hier wird derzeit eine Bausünde der Nachkriegszeit gesühnt. *Mozarts Wohnhaus* (Nr. 8) war im Zweiten Weltkrieg schwer beschädigt worden, vom ehemaligen Tanzmeisterhaus, in dem die Familie Leopold Mozarts von 1773 bis 1787 eine Wohnung gemietet hatte, blieb nur noch etwa ein Drittel stehen. Den Platz des zerstörten Teils besetzte ein phantasieloses Bürogebäude. Nun wird auf Initiative der Internationalen Stiftung Mozarteum (und mit ihren Geldern) das alte Haus rekonstruiert. Nach seiner Fertigstellung wird die Gedächtnisstätte, die bisher zum Beispiel eine Sammlung alter Musikinstrumente enthielt, in erweiterter Form wieder zugänglich sein.

An der Nordostseite des Makartplatzes steht die

Dreifaltigkeitskirche ㉜ Johann Bernhard Fischers von Erlach erster Kirchenbau (1694–1702). Der mächtige Zentralbau wird flankiert von den Fassaden des palastartig angelegten ehemaligen Priesterhauses.

* **Mirabellgarten** ㉝. Diese geometrische Gartenanlage mit Skulpturen aus der antiken Mythologie hat sich seit ihrer Neugestaltung 1730 kaum verändert. Den ursprünglichen Entwurf lieferte vermutlich Johann Bernhard Fischer von Erlach. Auf der Westseite des Parterres befinden sich ein *Heckentheater* (eine Freilichtbühne, deren Wände und Auftrittsgassen von geschnittenen Hecken gebildet werden), der *Zwerglgarten* mit lustigen Marmorzwergen (um 1715) und das *Vogelhaus* (heute Museumspavillon).

Der prächtige *Rosengarten* vor dem Schloß ist durch eine Balustrade eingefaßt. Auf der Ostseite liegt die *Orangerie* mit einem *Palmenhaus* und dem kleinen *Barockmuseum* ㉞, das aus einer Privatsammlung von Ölskizzen, Handzeichnungen und Skulpturmodellen entstanden ist (🕓 Di–Sa 9–12, 14–17 Uhr, So, Fei 9–12 Uhr).

Schloß Mirabell ㉟ ließ Erzbischof Wolf Dietrich 1606 als Landsitz „Altenau“ für seine Geliebte Salome Alt errichten, mit der er 15 Kinder hatte. Um die Erinnerung an das unziemliche Konkubinat zu tilgen, verfügte Markus Sittikus eine Namensänderung. Anfang des 18. Jhs. wurde das Gebäude nach Plänen von Johann Lukas von Hildebrandt umgestaltet. Nach dem Stadtbrand 1818 kam es nur zu einem vereinfachten Wiederaufbau.

Heute beherbergt das Schloß die Stadtverwaltung und -bibliothek, doch den Weg früherer hochwohlgeborener Besucher kann man als einfacher Bürger aus dem Volke nachvollziehen: Mit der Kutsche fuhren sie durch die Einfahrt und über den Hof in das zart stuckierte Vestibül des Gartentrakts, stiegen aus und schritten die Prunkstiege hinan. Auf dem reich verschlungenen Geländer turnende Putten (geschaffen von Georg Raphael Donner) begleiteten den Besucher nach oben. Im ersten Stock betraten diese schließlich den reich stuckierten Marmorsaal, einst der Speise-, heute ein Konzert- und Trauungssaal (🕓 tägl. 8–12 Uhr, Di und Fr meist durch Hochzeiten belegt).

Sebastianskirche ㊱. 1749–1753 errichtet, ersetzt sie einen Vorgängerbau vom Anfang des 16. Jhs., zu dem bereits der

Friedhof gehörte. Wolf Dietrich ließ ihn zu einem italienischen Campo Santo – dem einzigen nördlich der Alpen – ausbauen: im Grundriß nahezu quadratisch, von vier Arkadentrakten umgeben. In der Mitte entstand sein Mausoleum, um das herum sich vermögende Salzburger zur ewigen Ruhe betten lassen konnten. Diese * *Gabrielskapelle* besticht durch eine ungewöhnliche Auskleidung des Innenraums mit kleinen, farbigen Keramikfliesen, von denen sich der strahlend weiße Stuck abhebt – ein Ort der Stille und südländischen Heiterkeit. Auch auf bürgerlichen Grabsteinen finden sich einige bekannte Namen: Mozarts Frau Constanze, sein Vater Leopold und der berühmte Arzt Paracelsus.

Beim Tor von Haus Nr. 14 der *Linzergasse* beginnt ein kurzer, aber steiler Weg, der nach Stefan Zweig benannt wurde. Der Schriftsteller bewohnte von 1919 bis zum Anschluß Österreichs an das Dritte Reich das *Paschinger Schlößl* (Kapuzinerberg 5). Es befindet sich in Privatbesitz und ist nicht zu besichtigen. Vorbei an Kreuzwegstationen, Kapellen und einer Kreuzigungsgruppe (1780) gelangt man zum

Kapuzinerkloster ㊲, das Wolf Dietrich 1599–1602 für den von ihm nach Salzburg gerufenen Orden auf Resten einer alten Wehranlage erbauen ließ.

Die *Hettwer-Bastei* ㊳ bietet ein Panorama von Salzburg, das im Morgen- und Abendlicht besonders stimmungsvoll ist. Der *Kapuzinerberg* ermöglicht einen ausgedehnten Waldspaziergang (mit Naturlehrpfad).

Über die Imbergstiege, vorbei an der kleinen, förmlich am Hang klebenden Kirche *St. Johann am Imberg* (1681), geht es hinunter in die enge *Steingasse*, die sich am Kapuzinerberg entlangwindet. Ihre hohen, im Kern mittelalterlichen Häuser vermitteln noch einen Eindruck vom alten Salzburg: So muß die gesamte Altstadt ausgesehen haben, bevor Wolf Dietrich sie zur barocken Fürstenresidenz umbaute.

Einst Transportweg für wertvolles Salz: die Salzach.

Erfrischung im Biergarten des Augustiner-Bräu.

Blick auf die Festung vom bunt bepflanzten Mirabellgarten.

Der reichverzierte Marmorsaal im Schloß Mirabell.

Ausflüge von Salzburg

***Schloß Hellbrunn** entstand unter Fürsterzbischof Markus Sittikus als Lustschloß, das auf dem Land liegt, aber von der Stadt schnell zu erreichen ist: Die schnurgerade (autofreie) Hellbrunner Allee mit 300 Jahre alten Bäumen führt von Schloß Freisaal im Nonntal nach Hellbrunn (schöner Spaziergang, ca. 3 km ab Endstation des Citybusses „Parkplatz Nonntal"; der Bus 55 führt direkt zum Schloß).

Der Typus der italienischen „Villa suburbana" war in Funktion und Anlage Vorbild für den Bau, den wahrscheinlich der Architekt des Salzburger Doms, Santino Solari, 1613–1615 ausführte. Die Innenausstattung ist nicht mehr vollständig, doch mit den Fresken des Festsaales und des Musikzimmers im Pavillon blieb manieristische Malerei allerersten Ranges erhalten: In der Scheinarchitektur mit illusionistischen Ausblicken auf eine Stadt promenieren Damen und Herren der vornehmen Gesellschaft. Möglicherweise ist in dem Kavalier, der einer Dame eine Nelke überreicht, Markus Sittikus dargestellt.

Hauptattraktion sind die * *Wasserspiele* im Garten. Die Anregung zu ihrer Errichtung erhielt der Erzbischof während seines langjährigen Aufenthalts in Rom, allerdings trieb er die Überraschungseffekte auf die Spitze. So spritzten unvermutet Wasserfontänen aus den steinernen Schemeln die Tischgesellschaft im römischen Theater naß – außer den Erzbischof, der sich dabei vermutlich köstlich amüsierte. Auch in den verschiedenen, nach mythologischen Themen gestalteten Grotten muß sich der Besucher auf Überraschungen gefaßt machen: Nahm die Schadenfreude des Erzbischofs seinerzeit keine Rücksicht auf die kunstvollen Perücken und kostbaren Roben seiner Gäste, so kümmern heute die Führer nicht die teuren Fotoapparate und Videokameras der Touristen. Die Wasserkraft betreibt überdies eine Reihe kleiner Automaten und ein großes mechanisches Theater mit Wasserorgel. (Schloß und Wasserspiele ⏲ und Führungen April–Okt. 9–16.30 Uhr; Juli und August Abendführungen stündlich 18–22 Uhr.)

Auf dem Hellbrunner Berg liegen das *Monatsschlößl* (1615), das als *Volkskundemuseum* eingerichtet ist (⏲ April bis Okt. tägl. 9–17 Uhr), das *Steintheater* – wahrscheinlich die älteste Freilichtbühne im deutschsprachigen Raum – und der *Tiergarten* (⏲ Okt. bis März tägl. 8.30–16 Uhr, April–Sept. tägl. 8.30–18 Uhr).

Alljährlich belebt am ersten und zweiten Augustwochenende das „Fest in Hellbrunn" das Schloß und seinen Park mit vielen simultan stattfindenden Darbietungen renommierter Künstler (Oper, Schauspiel, Konzert u. a.).

Maria Plain liegt 5 km nördlich von Salzburg weithin sichtbar auf einer Anhöhe. Ihren Ursprung verdankt die mit Kunstwerken reich ausgestattete Kirche dem niederbayerischen Gnadenbild, das 1633 wunderbarerweise einen Brand überstanden hatte und durch Kauf hierher gekommen war. Unter dem Zustrom der Gläubigen beauftragte Erzbischof Max Gandolf Kuenburg den Hofbaumeister Giovanni Antonio Dario mit dem Bau der Wallfahrtskirche (1671–1674). Der von Kapellen gesäumte Kalvarienbergweg beginnt an der Plainbrücke (vorletzte Station der Buslinie 6, dann etwa 30 Min. zu Fuß).

***Salzburger Freilichtmuseum Großgmain** (10 km südwestlich von Salzburg) 40 alte Bauernhäuser und Höfe aus dem Salzburger Land sind hierher versetzt und liebevoll eingerichtet worden. Ein Spaziergang durch das „Dorf" öffnet den Blick auf eine vergangene Welt des bäuerlichen Lebens (⏲ Ostern bis Allerheiligen Di–So 9–18 Uhr).

Route 1

Das achteckige Musikzimmer von Schloß Hellbrunn.

Seenland Flachgau

*****Salzburg – Mattsee – *Michaelbeuern – ***Salzburg (80 km)**

„Wenn man mich damals gefragt hätte, wo das Paradies gelegen sei, so hätte ich ohne Zögern geantwortet: in Österreich, sechzehn Kilometer östlich von Salzburg an der Reichsstraße, dicht beim Wallersee", erinnerte sich der Schriftsteller Carl Zuckmayer in seiner Autobiographie „Als wär's ein Stück von mir" an seine Zeit in Henndorf (1926 bis 1938). Ob man sich dieser Meinung anschließen will, kann man auf einem Tagesausflug durch den Flachgau erkunden.

Hier saß schon Carl Zuckmayer beim Bier: im Caspar-Moser-Bräu.

Die „Wiesmühl", Zuckmayers einstiges Haus in *Henndorf am Wallersee,* ist in Privatbesitz und nur von außen in Augenschein zu nehmen, es sei denn, man meldet sich beim Fremdenverkehrsamt Henndorf (☏ 0 62 14/2 77) zu einer Kulturführung (jeden Do 15 Uhr, Dauer drei Stunden) an. An allen anderen Tagen wird man durch die Atmosphäre der alten Gaststube im „Caspar-Moser-Bräu" entschädigt, in der Zuckmayer häufig und gerne saß. – Kurz vor

Mattsee (2500 Einw.), 33 km, umrundet die Straße ein Stück den Buchberg (801 m), der einen schönen Rundblick über den Flachgau erlaubt. Der Ort liegt auf einer Landzunge, die den Mattsee (auch Niedertrumer See) und den Obertrumer See voneinander trennt. Das *Stift* wurde 777 vom Bayernherzog Tassilo III. gegründet. Es war bis Mitte des 11. Jhs. ein Benediktinerkloster und wurde dann ein Kollegiatsstift. Die ro-

In der Stille-Nacht-Gedächtniskapelle von Oberndorf.

Burghausen
Mattighofen
Ober-
österreich
Munderfing
Ibmer Moos
Moosdorf
Michael-
beuern
Lamprechts-
hausen
Lengau
Straßwalchen
Mattsee
Salzach
Arnsdorf
Seeham
Mattsee
Kösten-
dorf
Obertrumer
See
801
Buchberg
Vöckla
Obern-
dorf
Neumarkt
Laufen
Flachgau
Wallersee
Zeller
See
See-
kirchen
Henndorf
Mondsee
Maria
Plain
Freilassing
Thalgau
Drachen-
wand
München
SALZBURG
Gaisberg
1288
Hof
Fuschl-
see
Fuschl
Saalach
Faistenau
Schloß
Hellbrunn
St. Gilgen
Wiestal-
Stausee
Bad
Reichenhall
Hintersee
1522
Zwölferhorn
Grödig
Großgmain
1853
Untersberg
Hintersee
1613
Predigtstuhl
Adnet
DEUTSCHLAND
Hallein
Osterhorngrup
Bad
Dürrnberg
1764
Hoher Zinken
Salzach
Salzburg
Kuchl
Berchtes-
gaden
Tenneng
Golling
Lammer-
öfen
Scheffau
Lammer
Hochkalter
2607
Watzmann
2713
Abtenau
Königs-
see
Naturschutz-
gebiet
Naturschutz-
gebiet
Nationalpark
Berchtesgaden
Bischofshofen

Ampflwang
Ottnang
Lambach
Stadl-Paura
Schwanenstadt
Frankenburg
Fornach
Vöcklamarkt
Frankenmarkt
Vöcklabruck
Attnang
Puchheim
Timelkam
Ager
Traun
Alm
Vorchdorf
Walchen
Seewalchen
Lenzing
Laakirchen
Berg
Schörfling
St. Georgen
Buchberg 807
Gschwandt
Attersee
Weyregg
Gmunden
Altmünster
Nußdorf
Neukirchen
Traunsee
NSG
Steinbach
Höllen-Gebirge
Salzkammergut
Unterach
Weißenbach
Burgau
1862 Gr. Höllkogel
Ebensee
Schafberg 1783
St. Wolfgang
1745 Leonsberg
Abersee
Strobl
Ischler Ache
Bad Ischl
2093 Schönberg
Wieslerhorn 1603
Katrinalm
Steiermark
Postalm
Lauffen
Sandling 1717
Loser 1838
Altaussee
Altausseer See
Gößl
Grundlsee
Toplitzsee
Bad Goisern
992 Pötschenpaß
Bad Aussee
Rußbach
Paß Gschütt 964
Gosau
Gosaubach
Hallstätter See
Obertraun
Hallstatt
Dachsteinhöhlen
Hoher Krippenstein 2109
Radstadt
Vd. Gosausee
ROUTEN 1-4
0
10 km
Bad Mitterndorf
N

manisch-gotische Stiftskirche erhielt mit der Barockisierung ab 1700 ihre heutige Gestalt. Zeugnisse der kulturellen Hochblüte des Stifts hütet sein Museum (Schatzkammer, Bibliothek; zu besichtigen nach vorheriger Anmeldung unter ☎ 62 17/74 29). Hinter dem Stift steht auf dem als Halbinsel in den See ragenden Hügel die Ruine des herrschaftlichen *Schlosses*, rechts davon das *Freilichtmuseum* mit einem rekonstruierten Bajuwarengehöft.

ℹ Fremdenverkehrsverband, Salzburger Str. 20, 5163 Mattsee, ☎ (0 62 17) 60 80, Fax 74 21.
🚌
🏨 **Hotel Schloß Bräu,** Mattsee 4, ☎ (0 62 17) 2 05, Fax 2 05-33. Das Hotel in der ehemaligen Hoftaverne auf der Halbinsel am Fuß des Schloßbergs hat sich vom Bett bis zur Kost dem „Bio“ verschrieben. $$
Gasthof Fürst, Mattsee-Aug 105, ☎ und Fax (0 62 17) 4 00. Eigener Badestrand, bietet auch Appartements und einen Spielplatz. $$
Haus Wartstein, Burghart-Breitner-Weg 294, ☎ (0 62 17) 70 79. Liegt ruhig am Südhang des namengebenden Hügels mit Blick zum 5 Min. entfernten See. $
Ⓡ Im 5 km entfernten Obertrum kann man sich entscheiden, ob man im **Braugasthof Sigl** (☎ 0 62 19/77 00) Haubenkost, oder nebenan Hausmannskost im **Gasthof Neumayr** (☎ 0 62 19/3 02) genießen will.

Tip: Im 5 km entfernten Seeham, am Westufer des Obertrumer Sees, kann man beim Fremdenverkehrsverband, Nr. 22, ☎ (0 62 17) 4 93, schön gemaserte Marmorkugeln kaufen. Wer an ihrer Entstehung nach traditioneller Art interessiert ist, vereinbart mit dem Müller Johann Gruber eine Führung zur kleinen Kugelmühle am Wildkarwasserfall (☎ 0 62 17/73 18).

* **Michaelbeuern,** 46 km. Das *Benediktinerstift* wurde vermutlich im 8. Jh. gegründet. Kapitelsaal und Untergeschoß des Refektoriums der weitläufigen Anlage stammen noch aus romanischer Zeit. Der ca. 1720 stuckierte Abteisaal trägt Decken- und Wandmalereien von 1771. Die schlichte, zweistöckige Bibliothek (1769–1779) enthält 40 000 Bände. Unter den rund 300 Handschriften ragt die „Walther-Bibel“ (Mitte 12. Jh.) heraus, ein wichtiges Werk der Salzburger Buchmalerei.

Die gotischen und barocken Umformungen der romanischen Stiftskirche wurden bei der Renovierung 1938 bis 1950 weitgehend entfernt und Teile (u. a. die Holzdecke) im romanischen Stil neu errichtet. Glanzstück ist der Hochaltar (1691/92) mit Figuren von Meinrad Guggenbichler und Bildern von Johann Michael Rottmayr.

Nun fährt man auf das *Bürmoos* und das *Waldmoos* zu, zusammen mit dem oberösterreichischen Ibmer Moos der größte Moorkomplex Österreichs. Leider sind durch die industrielle Abtorfung nur Teilflächen unversehrt geblieben. Die nächsten zwei Orte nach Lamprechtshausen rufen sich als die Geburtsstätten von „Stille Nacht, heilige Nacht“ in Erinnerung. *Arnsdorf* (57 km) hat neben der Wallfahrtskirche Maria am Mösl im alten Schulhaus, in dem das Weihnachtslied vom Lehrer und Organisten Franz Xaver Gruber komponiert wurde, ein Heimatmuseum eingerichtet. Zur Erstaufführung kam es am 24. Dezember 1818 in

Oberndorf (4800 Einw.), 62 km. An der Stelle der 1900 abgerissenen Pfarrkirche St. Nikolaus steht heute die *Stille-Nacht-Gedächtniskapelle*. Bis 1816 war Oberndorf ein Vorort des am jenseitigen Salzachufer gelegenen, bayrischen Laufen. Das *Heimatmuseum*, das im August veranstaltete Schifferstechen und die alle 5 Jahre (nächste 1995) durchgeführte Piratenschlacht erinnern an die Bedeutung Oberndorfs für die Salzachschiffahrt. Über eine Kalvarientreppe und eine Allee erreicht man die *Wallfahrtskirche Maria Bühel*, einen kleinen, verspielten Barockbau.

*** **Salzburg** (s. S. 28).

Route 2

Mondseeland und Attergau

*** Salzburg – * Mondsee – Attersee (55 km)

Der Mondsee ist ein kulturträchtiger Auftakt dieser Tour, die in Salzburg beginnt. Lange vor den Sommerfrischlern, die das Salzkammergut im 19. Jh. entdeckten, waren hier Menschen heimisch, fischten in seinem Wasser und blickten auf die reizvolle Berglandschaft der Umgebung. An einem Tag kann man das kulturelle Erbe von mehreren Jahrtausenden kennenlernen, bevor man am Attersee wandert.

Benediktinerstift Michaelbeuern.

*** Mondsee** (2600 Einw.), 7 km. Am Ufer an der nordwestlichen Spitze des Sees siedelten schon in der Jungsteinzeit Menschen, wie Pfahlbauten beweisen. Sie waren die Träger der Mondsee-Kultur (1900–1700 v. Chr.). Mit der Klostergründung durch den bayrischen Herzog Odilo II. um 748 wuchs Mondsee zum kulturellen Mittelpunkt des salzburgisch-bayrischen Raums heran. 1791 wurde das Kloster aufgelöst; viele Schätze, darunter alle Bücher, verschleppte man u. a. nach Linz und Wien. Das *Stiftsgebäude*, das nach der Aufhebung zum Schloß umfunktioniert wurde, stammt in seinen ältesten Teilen (Kapitelsaal, Kreuzgang) aus der Spätgotik. Der Hauptteil entstand nach dem schweren Brand von 1774. Die ehemalige Stiftskirche und heutige *Pfarrkirche St. Michael* am Marktplatz wurde 1470–1487 errichtet. Im 18. Jh. wurden die barocke Fassade vorgeblendet, die Türme ausgebaut

Der Herbst ist die ruhige Jahreszeit am Mondsee.

Einst Stifts-, heute Pfarrkirche: St. Michael in Mondsee.

und das Walmdach aufgesetzt, darunter blieb aber die spätgotische Basilika in ihren weiten Dimensionen erhalten. Der Hochaltar stammt aus der Renaissance (1626). In der Ausstattung dominieren die neun barocken Seitenaltäre, die Meinrad Guggenbichler und Franz Anton Koch schufen. Beachtung verdient das aufwendig gestaltete Portal (1487) zur Sakristei an der Nordwand des Hochchores. In der ehemaligen Bibliothek zeigt das *Österreichische Pfahlbaumuseum und Heimatmuseum Mondsee* v. a. Zeugnisse der Mondsee-Kultur und der Geschichte des Klosters. Im *Mondseer Rauchhaus* auf der Anhöhe hinter der Kirche ist alte bäuerliche Kultur der Region zu sehen. Der gleichnamige See ist landschaftlich besonders reizvoll gelegen: Er wird gesäumt von der steil aufragenden Drachenwand (1000 m) im Südwesten und dem Schafberg (1783 m) im Süden.

ℹ Tourismusverband Mondseeland,
Dr.-Franz-Müller-Straße 3,
5310 Mondsee, ☎ (0 62 32) 22 70.
🚌 – 🚢

🏨 **Hotel Seehof,** 5311 Loibichl,
☎ (0 62 32) 50 31-0, 📠 50 31 51.
Hochgelobt und ruhig in einem herrlichen Park gelegen. $$$

Hotel Krone, Rainerstr. 1, ☎ (0 62 32) 22 36, 📠 22 36-43. Liegt mitten im Ort; hübscher Gastgarten. $$

Pension Mamoser, St. Lorenzen 199, ☎ (0 62 32) 25 71. Ermöglicht Ertüchtigung im Haus: Fitneßstudio, Sauna und Pool. $

🍴 **Landgasthof Schlössl,** Herzog-Odilo-Str. 92, ☎ (0 62 32) 23 90. Heimische Küche, Innviertler Schmankerl und Grillspezialitäten. $

Den schönsten Blick auf Drachenwand und Schloßberg hat man von der B 151 am Nordwestufer des Mondsees. Bei *Unterach* (40 km) gerät der größte Salzkammergutsee ins Blickfeld. Auf dem Wasser des *Attersees* tummeln sich Segelboote, im Wasser viele Fischarten: Auf einer „Attersee-Fischplatte" liegen Forellen und Reinanken. Auch das Seeufer ist rundherum feriengerecht, denn fast alle Hotels und Pensionen der kleinen, ländlich gebliebenen Orte haben ihren eigenen Badeplatz. Der Attersee wird im Süden vom Massiv des Schafberges, vom Leonsberg (1745 m) und vom steil abfallenden Höllen-Gebirge (1862 m) eingerahmt, während die Berge gegen Norden sanfter verlaufen.

Attersee (1500 Einw.), 55 km. Der Kirchberg trug einst eine frühmittelalterliche Kaiserpfalz, Atarnhova („der Hof des Atter"). Als Heinrich II. 1007 einen Teil des Attergaus dem Erzbistum Bamberg schenkte, wurde eine Bischofsburg daraus, die 1379 an die österreichischen Herzöge verkauft wurde. Diese verlegten ihren Herrschaftssitz Mitte des 15. Jhs. auf den Koglberg bei St. Georgen (s. S. 55). Die alte Burg, seit dem 16. Jh. im Besitz der Grafen Khevenhüller, verfiel. 1721–1728 ließ der damalige Graf die Burgkapelle umbauen, und die barocke Pfarr- und Wallfahrtskirche *Maria Himmelfahrt,* auch Maria Attersee genannt, entstand; sie grüßt seitdem als Wahrzeichen weithin über den See.

ℹ Tourismusverband, Nußdorferstr. 15, 4864 Attersee, ☎ (0 76 66) 2 19.
🚆 Vöcklamarkt – Attersee (Schmalspurbahn).
🚌 – 🚢

🏨 **Hotel Seegasthof Oberndorfer,** Hauptstr. 18, ☎ (0 76 66) 3 64-0, 📠 3 64-91. Mit Balkonen und Terrasse zum See, aus dem die Fische für die österreichisch orientierte Küche kommen. $$$. Restaurant $$$

Gasthof-Pension Lindenhof, Breitenröth 1, 4865 Nußdorf, ☎ (0 76 66) 80 60, 📠 82 55. Sorgt mit Vollwert-, regionaler Naturkost und Fitneßangeboten für das gesundheitliche Wohl. $$

Pension Viehböck, Hauptstr. 21, ☎ (0 76 66) 5 14. Haus am See mit eigenem Bootssteg. $

Tip: Am Attersee bestimmt das Wasser die Ferienaktivitäten. So kann man in einer der Segelschulen einen Wochenkurs belegen (ab etwa 2300 öS, u. a. bei der Segelschule Attersee, ☎ 0 76 66/ 2 02, und bei der Yachtschule Koller in 4865 Nußdorf, ☎ 0 76 74/6 45 32) oder das Tauchen erlernen: „Schnuppertauchen" kostet etwa 280 öS (u. a. beim Tauchclub Attersee, Nußdorf, ☎ 0 76 66/80 34, und bei Nautilus-Tauchsport, 4863 Seewalchen, ☎ 0 76 62/26 43). Wer es gemütlicher mag, besorgt sich eine Angellizenz (für 24 Std. 250 öS) bei der Esso-Tankstelle in Nußdorf.

Der Attersee ist ein Eldorado für Segler und Surfer.

Abstecher

St. Georgen im Attergau (4,5 km westlich von Attersee) besitzt einen Ortskern mit stuckverzierten Bürgerhäusern und eine spätgotische *Pfarrkirche* (barockes Hochaltarbild von Bartholomäus Altomonte, Kanzel von Meinrad Guggenbichler). Von der ehemaligen Burg auf dem Koglberg (666 m, Fußweg ca. 1 Std.), 1380 erbaut, sind nur noch Reste erhalten. – Ein Ausflug, der Kindern Freude bereitet: Mit der Schmalspurbahn gelangt man von Attersee zum *Schloß Walchen* mit dem *Kinderweltmuseum,* in dem auch gespielt werden kann.

Blickfang am Attersee: die Wallfahrtskirche Maria Himmelfahrt.

Abwechslungsreiche Tallandschaften gruppieren sich um den Attersee. In *Steinbach* (23 km von Attersee) zweigt eine Panoramastraße in das *Kienbachtal* nach Osten ab, die über *Neukirchen* zum *Traunsee* führt. In *Weißenbach* beginnt die reizvolle Straße durch unberührte Regionen nach * *Bad Ischl* (s. S. 57). Salzburgisch ist nur das südliche Ende des Attersees mit der Gemeinde *Burgau.* Der enge Steig der Burggrabenklamm (Eingang beim „Jagerwirt") endet nach etwa 15 Minuten in einem Felsendom mit Wasserfall, der im Frühjahr bei Schneeschmelze besonders eindrucksvoll in die Tiefe stürzt.

An Feiertagen holt man die Tracht aus dem Kleiderschrank.

Route 3

Das Herz des Salzkammerguts

***** Salzburg – * St. Wolfgang – * Bad Ischl – Bad Aussee (96 km)**

3

Kunstliebhaber, Operettenfreunde, Wallfahrer und Kaisertreue – im Herz des Salzkammerguts ist das Besucherpublikum bunt gemischt. Das Ausseer Land mit seinen hübschen Seen und vielfältigen Wanderwegen bildet den krönenden Abschluß dieser Tour, die drei Tage Urlaubszeit wert ist.

Man verläßt *** *Salzburg* (s. S. 28) auf der B 158. (Karte S. 50/51.) Noch bevor der Fuschlsee ins Blickfeld rückt, liegt links der *Jagdhof,* ein alter Bauernhof, der in ein Hotel umgebaut wurde. Von dort sieht man auf den See und *Schloß Fuschl* hinunter, das einst den Salzburger Erzbischöfen zur Jagd diente. Der bekannteste See des Salzkammerguts ist der *Wolfgangsee;* er wird umrahmt von Schafberg (1783 m), Zwölferhorn (1522 m) und den Gipfeln um das Wieslerhorn (1603 m).

St. Gilgen (3400 Einw.), 33 km, am Nordwestufer nennt sich das „Mozartdorf am Wolfgangsee". Im Haus des Bezirksgerichts wurde Wolferls Mutter geboren, und Schwester Nannerl lebte hier nach ihrer Heirat einige Jahre. Seit der Ortskern eine Fußgängerzone ist, kann man mit Genuß bummeln und sich die hübschen Häuser ansehen. Die Fresken an der Fassade des „Gasthofs Zur Post" stammen aus dem 18. Jh.

Ein schöner Wanderweg führt von St. Gilgen an der Nordseite des Sees über Fürberg zum *Falkenstein,* der in einer Steilwand zum See abfällt. Wer den Weg fortsetzt, gelangt über Ried nach St. Wolfgang (insgesamt 3 Std.).

Abersee heißt ein kleiner Ort an der Südseite des Wolfgangsees. Früher wurde der ganze See so genannt, heute findet der Name noch für ein Teilgebiet am südöstlichen Ufer Verwendung. Auf der Landzunge, die hier dem See eine Wespentaille schnürt, liegen zahlreiche schöne Campingplätze.

Tip: Seit Eröffnung des Umfahrungstunnels (Zufahrt zur Schafbergbahn) ist St. Wolfgang von 10.30–19 Uhr für den Autoverkehr gesperrt. Für einen Tagesausflug ist es daher ratsam, in Abersee oder Gschwendt Richtung See abzubiegen, das Auto auf dem Parkplatz abzustellen und mit dem Schiff überzusetzen, von dem aus sich zudem der schönste Blick auf den Ort bietet.

*** St. Wolfgang** (2700 Einw.), 52 km, wurde durch die Operette „Im weißen Rößl" (1930) weltberühmt. So lösten die Touristenströme von heute die Pilgerströme von einst ab, die zur *Kirche des hl. Wolfgang* wallfahrteten. Der Heilige war Erzbischof von Regensburg, zog sich aber vor dem bayrischen Herzog Heinrich dem Zänker auf den Falkenstein in eine Höhle zurück, in der er als Eremit lebte. Sein Kirchenbau führte zur Gründung des Ortes. Nachdem 1429 ein Brand die romanische Kirche zerstört hatte, entstand in drei Phasen (im 15. und 18. Jh.) der heutige Bau, der eines der berühmtesten Werke der Spätgotik beherbergt: den ** Pacher-Altar (1471–1481). Der Südtiroler Michael Pacher war Maler und Schnitzer. Er schuf mit seiner Werkstatt sowohl den geschnitzten Schrein mit der Krönung Mariens als auch die Bilder der Flügel, die im geöffneten Zustand die Geburt, die Beschneidung und die Darstellung Jesu im Tempel sowie Tod und Himmelfahrt Mariens zeigen. Der Doppelaltar des Innviertlers Thomas Schwanthaler (1676) mit der Hl. Familie links und dem hl. Wolfgang rechts ist das Hauptwerk der barocken Kirchenausstattung; die Kanzel und die drei Seitenaltäre (1706) stammen von Meinrad Guggenbichler, dem Klosterbildhauer von Mondsee.

Auf der Terrasse über dem Marktplatz steht ein spätgotischer *Pilgerbrunnen*, der 1515 gegossen wurde. Die Überdachung ist eines der frühesten Renaissance-Denkmäler in Österreich. Dicht drängen sich die wuchtigen, zum Teil einige hundert Jahre alten Giebelhäuser um die Kirche und den Marktplatz. Atmosphäre vermitteln sie besonders an Tagen, an denen sich weniger Besucher durch die Straße wälzen als an Sonn-, Feier- und vielen Ferientagen.

ℹ Kurdirektion, Pilgerstraße 28, 5360 St. Wolfgang, ☎ (0 61 38) 22 39-0, FAX 22 39-81.

🚌 – ⛴

Ⓗ **Im Weissen Rössl,** Marktplatz 74, ☎ (0 61 38) 23 06-0, FAX 23 06-41. Bis heute wird ein Loblied auf die Nobelherberge gesungen. $$$

Tennishotel Wolfgangsee, Au 53 und 48, ☎ (0 61 38) 22 77, FAX 32 40. Mit beheiztem Freibad. $$$

Gasthof Hupfmühle, Au 1, ☎ (0 61 38) 25 79. War tatsächlich eine, sie klappert aber nicht mehr, nur die idyllische Lage am rauschenden Bach ist geblieben. $

Ⓡ **Lachsen,** Ried 5, ☎ (0 61 38) 24 32. Österreichische Küche der feinen Art in ruhiger Lage am See. $$$

Die *Schafbergbahn*, eine Zahnradbahn, wurde vor über 100 Jahren erbaut; einige alte Dampfloks verkehren noch von St. Wolfgang aus (nur Mai bis Anf. Okt.). Bei gutem Wetter kann man vom Schafberg (1783 m) das gesamte Salzkammergut überblicken. Hinter *Strobl* (flacher Naturstrand) zweigt die Straße zur *Postalm* (1282 m) ab, dem größten Hochplateau Österreichs, mit Wanderwegen und guten Skieinrichtungen.

* **Bad Ischl** (14 000 Einw.), 67 km. Die Altstadt liegt auf einer von Ischl und Traun umflossenen Halbinsel. Sie verdankt ihren Aufstieg vom armen Aschenputtel zur Operettenprinzessin in der ersten Hälfte des 19. Jhs. der heilkräftigen Wirkung ihres Salzes. Als 1823 die Solebad-Anstalt eröffnet wurde, freute man sich, 40 Gäste begrüßen

Hübsches Detail an einer Hausfassade in St. Gilgen.

Meisterwerk der Spätgotik: der Pacher-Altar in St. Wolfgang.

Steht für einen Welterfolg: das „Weisse Rössl".

zu dürfen. Nur wenige Jahre später kurte der Wiener Hofadel in Bad Ischl und in dessen Gefolge alles, was Rang und Namen hatte. Heute hat Bad Ischl moderne Kuranstalten und eine Kapazität von 3300 Betten.

Wie zwei Pole vergangener Zeit liegen sich die Villa Franz Josephs I., des Kaisers von Österreich, am Nordufer der Ischl und die Villa Franz Lehárs, des Königs der Operette, am Südufer der Traun gegenüber. 1853 feierte Kaiser Franz Joseph im Gebäude des ehemaligen „Hotels Austria" seine Verlobung mit der bayerischen Prinzessin Elisabeth, der Sisi. Heute ist in diesem Gebäude das *Stadtmuseum* untergebracht.

Franz Joseph verbrachte nahezu jeden Sommer seines langen Lebens in der *Kaiservilla,* einem Hochzeitsgeschenk seiner Eltern: ein ausgebautes Biedermeier-Landhaus. Ein Rundgang durch

Das Salzkammergut

„Im Salzkammergut, da kammer gut lustig sein", erschallte es 1930 in Berlin, wo Ralph Benatzkys Operette „Im weißen Rößl" uraufgeführt wurde. Sie verhalf einer von der Natur ohnehin verwöhnten Region zu weltweiter Popularität.

Der Reiz des Salzkammerguts läßt tatsächlich Operettenseligkeit aufkommen. Rund 40 Seen liegen in diese Berglandschaft eingebettet, die vom sanft hügeligen Alpenvorland über schroffe Karstgebirge bis zur Gletscherregion des Dachsteinmassivs reicht. Es mag erstaunen, daß nur 12 % davon zum Land Salzburg gehören, 16 % aber zur Steiermark und 72 % zu Oberösterreich. Die Grenzziehung hat historische Gründe.

Seit dem Mittelalter war das „Kammergut" ein Gebiet, das zwischen Traunsee und Hallstatt vom Salzamt in Gmunden aus verwaltet wurde. Es mußte seine reichen Erträge aus dem Salzbergbau direkt an die Wiener Hofkammer abliefern. Diese wachte mit Argusaugen über ihre Geldquelle: Die Grenzen wurden streng kontrolliert; nachdrücklich waren Handel und Kontakt mit dem erzbischöflichen Salzburg bzw. dem Salzbergbau im Salzachtal untersagt. Die Abschottung war durch die Natur begünstigt, da Hallstatt, in dem bereits in Vorzeiten Salz abgebaut wurde, von Norden her nur über Saumpfade oder per Schiff erreichbar war. Ab 1246 gehörte das Salzkammergut bis 1918 dem Hause Habsburg und wurde nach und nach erweitert: um das Ischlland, den Attergau, das Ausseer und das Mondseeland.

Anfang des 19. Jhs. war das ausgebeutete Salzkammergut zu einer der ärmsten Regionen im Reich herabgesunken. Und doch führten gerade die einsame Lage und das Salz zu einem neuen, ungeahnten Aufschwung. Die Maler der Romantik entdeckten die versteckten Reize dieser Landschaft, Dichter und Musiker suchten hier Ruhe und Inspiration, Reiseschriftsteller sangen das Loblied auf die „Österreichische Schweiz". Um diese Zeit setzte in *Ischl* der Arzt Josef Götz Sole erfolgreich zur Heilung gicht- und rheumakranker Bergmänner ein.

Als 1822 der Hofmedikus Franz von Wirer dieses Verfahren kennenlernte, empfahl er es seinen hochgeborenen Patienten und leitete damit die Verwandlung des Salzstädtchens in einen noblen Kurort ein. Bald zog viel Adel zur Kur nach Ischl und die Gesellschaft der k.k. Monarchie sowie internationale Gäste folgten. Dieser frühe Touristenstrom verstärkte sich noch, als Kaiser Franz Joseph ab 1854 seine Residenz im Sommer nach Ischl verlegte. Bald erwuchs Konkurrenz: *Gmunden* wurde zur Ferienkolonie europäischer die fast unverändert gebliebenen Wohnräume gibt einen Eindruck von der Persönlichkeit des Monarchen.

Die Monarchie hatte 1918 ihr Ende gefunden, doch die Operette lebte in Bad Ischl fort. 24 Bühnenwerke soll Franz Lehár hier zwischen 1912 und 1948 geschrieben haben. Seine Villa vermachte er der Stadt, die sie unverändert der Allgemeinheit als *Lehár-Museum* öffnete. Im Juli und August erinnern die

Alte Dampflok der Schafbergbahn.

Fürsten aus den Häusern der Welfen, Württemberger, Bourbonen u. a. In *Altaussee* weilten mit Vorliebe Dichter, von Schnitzler und Hofmannsthal bis Torberg. In *Steinbach am Attersee* bewohnte Gustav Mahler ein Häuschen. *Ischl* zog große Komponisten an, u. a. Bruckner und Brahms.

Franz Josephs Sommerresidenz: die Kaiservilla.

Nach dem Ende der Monarchie regierte in *Bad Ischl* die Welt der Operette; Werke von Franz Lehár, Emmerich Kálmán, Oscar Straus, Leo Fall und anderen entstanden hier. Seit Salzburg 1920 zur Festspielstadt wurde, nehmen pendelnde Künstler und Festspielbesucher im Salzkammergut gerne Quartier. Bis heute hat viel Prominenz ein Ferien- oder Wohnhaus im Salzkammergut. Die Region zeichnet sich aber auch dadurch aus, daß sie eine ganze Bandbreite von Erholungs- und Sportmöglichkeiten bietet. Wer sich erst einmal einen Überblick verschaffen möchte, der fährt von *St. Wolfgang* mit der Zahnradbahn auf den Schafberg (1783 m), der einem das gesamte Salzkammergut zu Füßen legt.

Literaturtip: In seinem Buch „Nachsommertraum" (Verlag Niederösterreichisches Pressehaus, St. Pölten-Wien 1993) zeichnet Dietmar Grieser höchst anschaulich Episoden aus Künstlerbiographien nach, in deren Mittelpunkt das Salzkammergut als Sommerfrische stand.

Franz Lehár, der König der Operette.

„Ischler Operettenwochen“ an vergangene große Zeiten.

Der *Siriuskogel* (599 m, Sessellift) bietet eine schöne Aussicht, noch schöner, da weiter, ist sie von der *Katrinalm* (1542 m, Seilbahn). Der *Salzberg* liegt im Süden von Bad Ischl (3 km). Das stillgelegte Bergwerk kann besichtigt werden (Rutschbahn, Fahrt mit dem Grubenhunt, Salzsee).

Ⓡ Auch kulinarisch kann man auf den Spuren der Monarchie wandeln. In der **Villa Schratt** (Katharina Schratt war die Freundin Kaiser Franz Josephs), Steinbruch 43, ☎ (0 61 32) 2 76 47, ist heute ein Feinschmeckerlokal eingerichtet; $$). Eine Mehlspeis´ zum Dessert oder Nachmittagskaffee sollte man sich in der **Café-Konditorei Zauner** erstehen: Die Ischler Törtchen und Zauner Stollen erfreuten schon des Kaisers Gaumen.

Einen landschaftlich besonders schönen Abschnitt des Trauntales erschließt die B 145 Richtung Süden. Die *Simonyaussicht* bei der ersten großen Kehre zum Pötschenpaß (992 m) legt einem den gesamten Hallstätter See zu Füßen.

Bad Aussee (5100 Einw.), 96 km, ist nicht nur Mittelpunkt des steirischen Salzkammerguts, sondern sogar ganz Österreichs. Glücklicherweise nur der geographische, denn sonst wäre es kein so reizvoller Kurort, dessen Kern noch geprägt ist von der Bautätigkeit der wohlhabenden Salzherren und der landesfürstlichen Salinenverwaltung: Der spätgotische *Kammerhof* mit der Salinenkapelle soll bis in das 14. Jh. zurückreichen. In der *Pfarrkirche St. Paul* (13. und 15. Jh.) sind die spätgotische Marienstatue vom Typus der „Schönen Madonna“ und das Sakramentshäuschen von 1523 bemerkenswert. Die *Hl.-Geist-Kapelle* des 1395 erbauten Marktspitals besitzt zwei schöne spätgotische Flügelaltäre. Gegenüber der Kirche steht das Geburtshaus der Anna Plochl (1804–1885), Tochter des hiesigen Postmeisters und Gemahlin Erzherzog Johanns (s. S. 61).

Der Markt wurde 1290 von Herzog Albrecht gegründet, als er das landesfürstliche Salzsudwerk von Altaussee hierher verlegte. Seit bald 150 Jahren werden Sole und Solenschlamm auch als Kurmittel eingesetzt. Das Kurzentrum mit Sole-Mineral-Hallenbad ist modern, das alte Kurhaus von 1870 dagegen dem Verfall preisgegeben. Welche berühmten Gäste sich in der Vergangenheit in Bad Aussee aufgehalten haben – sei es zur Kur, sei es regelmäßig zur Sommerfrische –, kann man während einer Wanderung auf der *„Via Artis“* feststellen: An geschichtsträchtigen Gebäuden und landschaftlich reizvollen Punkten informieren Tafeln über Hugo von Hofmannsthal, Nikolaus Lenau, Wilhelm Kienzl u. v. a. Spaziergänge zur Zeit der Narzissenblüte (Mitte Mai bis Mitte Juni) führen über sternenüberflutete Wiesen und Hänge. Das *Narzissenfest* findet gegen Ende Mai/Anfang Juni statt.

ⓘ Kurkommission, Hauptstraße 48, 8990 Bad Aussee, ☎ (0 36 22) 5 23 23, FAX 5 23 23-23.
Bahn: Attnang/Puchheim – Stainach/Irdning. – Bus
Ⓗ **Hotel Erzherzog Johann,** Kurhausplatz 62, ☎ (0 36 22) 5 25 07, FAX 5 23 94-6 80. Besitzt einen direkten Zugang zum Kurzentrum mit dem Sole-Mineral-Hallenbad. $$)
Gasthof Blaue Traube, Kirchengasse 165, ☎ (0 61 52) 5 23 63-0, FAX 5 23 63-30. In einem schönen, alten Bürgerhaus mit stattlicher Fassade und großem Gastgarten. $$)
Gasthof Staudnwirt, Grundlseerstr. 21, ☎ und FAX (0 61 52) 5 24 27. Landgasthof an der Straße zum Grundlsee mit Mehrbettzimmern (und Campingplatz), daher für Familien sehr geeignet. $
Ⓡ **Gasthof Zum Loser,** Altaussee (Ortsteil Fischerndorf), ☎ (0 36 22) 7 13 73. Gute österreichische Küche, vorzüglich zubereiteter Fisch aus dem See. $$)

Abstecher

Nach *Altaussee* (1900 Einw.; 4 km) führt neben einer Straße auch ein

Fußweg entlang der Traun. Der *Altausseer See wurde einmal treffend als Tintenfaß bezeichnet, in das eine Vielzahl von Schriftstellern und Komponisten ihre Feder tauchten. Johannes Brahms und Gustav Mahler, Hugo von Hofmannsthal, Arthur Schnitzler, Friedrich Torberg u. v. a. ließen sich von der Landschaft anregen.

Auch hier macht eine „Via Artis“ rund um den See (ca. 1 Std.) auf die Künstler aufmerksam. Ihre erste Station ist das *Literatur- und Heimatmuseum*. Heute können die Altausseer auch auf „echte“ Einheimische stolz sein: Die Schriftstellerin Barbara Frischmuth lebt hier, wie auch Klaus Maria Brandauer. Im August leitet er die Kulturwochen „Poesie im Ausseerland“; wichtigster Veranstaltungsort ist die Bühne inmitten des unterirdischen Salzsees.

Die Salzlagerstätte am *Sandling* (1717 m) ist die größte in Österreich. Der Sage nach wies der Wassermann im Altausseer See Kirchgänger auf das Salz des Berges hin. Es ist kein Wunder, daß der tiefgrün schimmernde See die Phantasie anregt, umgeben von der senkrecht abfallenden Trisselwand und dem *Loser* (1838 m), auf dessen Felsenkrone eine Panoramastraße führt (Maut). Und sage keiner, daß in dieser Landschaft Märchen nicht Wirklichkeit werden können! Denn in der Traumkulisse des **Grundl-* und *Toplitzsees* begann die Romanze zwischen Erzherzog Johann und der Postmeisterstochter Anna Plochl. Gegen alle Widerstände heiratete der Sohn des Kaisers 1827 die Bürgerliche, die erst später zur Gräfin von Meran erhoben wurde. Fußwege führen von Altaussee (2 Std.) und Bad Aussee (1 Std.) zum Grundlsee. Der Toplitzsee ist von den Felshängen so eng umschlossen, daß kein Pkw-Verkehr möglich ist. Aber zur romantischen Kulisse paßt eine Drei-Seen-Schiffahrt ohnehin besser, die in Gößl ihren Ausgangspunkt nimmt und bis zum versteckten *Kammersee* führt, wo in einem Wasserfall eine der drei Traunquellen herabsprudelt.

Eine Schwäche des Kaisers: Café-Konditorei Zauner.

Die Pfarrkirche St. Paul in Bad Aussee.

Kinder im Ausseer Land.

Tintenfaß des Salzkammerguts: der Altausseer See, von Künstlern bevorzugte Sommerfrische.

Route 4

Alles über den Berg

***** Salzburg – Hallein – Lammertal – (** Hallstatt –) Radstadt – Tamsweg – St. Michael im Lungau (137 km)**

Diese Route führt in den Berg (Salzbergwerke Hallein/Dürrnberg und Hallstatt), um den Berg (durch das Lammertal um das Tennen-Gebirge) und hinter den Berg (über den Tauernpaß in den Lungau, dessen Bewohner vom Volksmund „die hinterm Tauern" genannt werden). Wer eine Woche Zeit hat, kann es gemütlich angehen lassen und auch manche Wanderung unternehmen. (Karten S. 50/51, 64/65.)

4

***** Salzburg** (s. S. 28).

Hallein (17000 Einw.), 15 km, ist die zweitgrößte Stadt Salzburgs, die Bezirkshauptstadt des Tennengaus und ein wichtiger Industriestandort. Es hat einen schönen Altstadtkern, den Reste einer Stadtmauer umgeben. Man kann genußvoll bummeln, denn er ist weitgehend Fußgängerzone. Zum Teil mittelalterliche Gassen werden gesäumt von Häusern mit Barock- und Rokokofassaden in bunten Farben.

Die *Pfarrkirche St. Antonius Eremit* besitzt einen gotischen Chor und ein frühklassizistisches Langhaus (1769 bis 1775) von Wolfgang Hagenauer. An dieser Kirche war Franz Xaver Gruber, der Komponist von „Stille Nacht" (s. S. 52), Organist und Chorregent. Sein Grab blieb als einziges erhalten, als der Friedhof vor der Pfarrkirche aufgelöst wurde. Nördlich der Kirche steht sein ehemaliges Wohnhaus.

Am Dürrnberg (771 m) oberhalb der Stadt wurde bereits in urgeschichtlicher Zeit nach Salz geschürft. Erst seit kurzem fahren keine Bergmänner mehr in das Bergwerk ein: 1989 wurde die Saline, die zuletzt jährlich 40000 t Industriesalz lieferte, wegen Unrentabilität stillgelegt. Heute gräbt man nur noch nach den Kelten, aber das mit beachtlichem Erfolg: Am Dürrnberg ist die größte Ausgrabungsstätte keltischer Kultur.

Halleins * *Keltenmuseum* zeigt die Funde der Ausgrabungen, wie Werkzeuge und Ausrüstungsgegenstände der frühgeschichtlichen Bergmänner und kostbare Grabbeigaben. Das Museum im ehemaligen Pflegamtsgebäude (1654) der fürsterzbischöflichen Bergbau- und Salinenverwaltung, in dem auch die Stadtgeschichte, Brauchtum und Zunftwesen dokumentiert sind, wird erst 1996 wieder zugänglich sein.

Auf den *Dürrnberg* führt eine Straße, aber man gelangt auch mit der Kabinenseilbahn (Talstation am Südrand Halleins) hinauf. Im *Keltenfreilichtmuseum* wurden eine Gehöftgruppe und ein Grab rekonstruiert. Ein keltischer Lehrpfad ergänzt die Keltenschau. Das stillgelegte * *Salzbergwerk* bietet eine Fahrt mit dem Grubenhunt, Rutschbahnen, einen 90 m langen, beleuchteten Salzsee und Schaukammern mit Spuren der Bergwerkstätigkeit in frühgeschichtlicher Zeit. In der letzten erhaltenen Solestube (1704) ist ein Bergbaumuseum eingerichtet.

Das heimische Salz wird in *Bad Dürrnberg* (seit 1938 ein Stadtteil von Hallein) als Heilmittel eingesetzt.

ℹ Tourismusverband Hallein, Unterer Markt 1, 5400 Hallein, ☎ (0 62 45) 8 53 94, Fax 8 51 85 13.
Bahn Salzburg – Bischofshofen. – Bus
Ⓗ **Schloßhotel Haunsperg,** 5411 Oberalm, ☎ (0 62 45) 26 62, Fax 56 80. Antik eingerichtetes Schloß (14. Jh.) mit Park, Barockkapelle – und Tennisplatz. $$
Pension Sommerauer, Tschusistr. 33, ☎ (0 62 45) 8 00 30. Ein Teil der Zimmer befindet sich im Bauernhaus; beheiztes Freibad. $

Gasthaus Röck, Oberhofgasse 4, ☏ (0 62 45) 8 12 03. Gutbürgerlicher Gasthof in der Altstadt. Ⓢ

Ⓡ Drei Haubenwirte kochen in Hallein auf: der **Gasthof Hager** (☏ 0 62 45/ 8 04 71, ⓈⓈ), der **Löwenbräu** (☏ 8 04 89, ⓈⓈ) und der **Hohlwegwirt** bei Rif (☏ 8 24 15, ⓈⓈ). Ein Ausflug nach Kuchl wird im Haus **St. Georg** (☏ 0 62 44/62 66), neben der Georgskirche gelegen, mit gutbürgerlicher Küche (frischer Fisch!) und einem herrlichen Blick auf das Salzachtal vom Gastgarten aus belohnt; Ⓢ

Einkaufstip: Eigenwillige Gläser bläst man in der kleinen Halleiner Glashütte. Zuschauen kann man vormittags, kaufen ab 14 Uhr.

Golling (3800 Einw.), 28 km, lockt im Ortskern mit einer Reihe von Schanigärten (kleine Gastgärten auf den Gehsteigen). Für geistige Nahrung sorgt das *Heimatmuseum* im „Schloß", das eigentlich eine Burg ist (in den ältesten Teilen aus dem 13. Jh.). Südwestlich im Ortsteil Torren steht, umgeben von Grün, die ehemalige Wallfahrtskirche *St. Nikolaus* auf einem Felsplateau. Hier beginnt das Tal, an dessen Ende sich der *Gollinger Wasserfall* 76 m in die Tiefe stürzt (2 Std. hin und zurück).

Die B 162 biegt nach Osten in das *Lammertal* ab, dessen spektakulärster Abschnitt hinter Oberscheffau beginnt. Hier liegt der Eingang zu den *Lammeröfen,* einem dramatischen Naturschauspiel. Durch die 2 km lange und 60 m tiefe Klamm führt ein sicherer Steig entlang der überhängenden Felswände, an manchen Stellen sehr nahe am Wasser. Für jene, die der Gischt noch näher sein wollen: Das Lammertal ist eine Herausforderung für Freunde des Kajak- und Raftingsports.

Abtenau (5300 Einw.), 39 km, hat sich auf diese und viele andere Sportarten eingestellt. Zwei Aktivklubs bieten Kajakfahren, Rafting, Gleitschirm- und Drachenfliegen, Mountainbiking und so manches mehr an: der Club Zwilling (☏ 0 62 43/30 69-0, 📠 30 69-17) und

Prähistorische Ringflaschen aus Ton, gefunden am Dürrnberg.

So enge Stollen wie dieser brachten die Bergmänner einst ans wertvolle Salz.

Der Tennengau lockt viele Aktivsportler an, u. a. Wanderer ...

... und Mountainbiker.

Berchtesgaden
Salzburg
Kuchl
Golling
Lammeröfen
Scheffau
552
Paß Lueg
Naturschutzgebiet
DEUTSCHLAND
2607
Hochkalter
Nationalpark
2713
Watzmann
Königssee
Obersee
Naturschutzgebiet
Hagen-Gebirge
Tennen-Gebirge
Eisriesenwelt
2431
Raucheck
Berchtesgaden
Saalach
Steinernes Meer
Werfen
Pfarrwerfen
Werfenweng
Saalfelden
2941
Hochkönig
Hintertal
Bischofshofen
Fritzbach
Maria Alm
Dientener Sattel
1291
Filzensattel
1357
Hintermoos
Dienten
Mühlbach
Salzburg
Salzach
Maishofen
Hundstein
2117
Dientener Berge
St. Johann
St. Veit
Schwarzach
Wagrain
Zell am See
Goldegg
Liechtensteinklamm
Lend
Kleinarltal
Bruck
St. Georgen
Taxenbach
Kitzloch-Klamm
Gasteiner Klamm
Entrische Kirche
NSG
Au
Kleinarl
Pongau
Salzach
Pinzgau
Radstädter
Rauriser Ache
Rauris
Rauriser Tal
Dorfgastein
Großarl
Gasteiner Tal
Großarl-Bach
Großarltal
Fusch
Tappenkarsee
Wörth
Nationalpark
Großglockner-Hochalpenstr.
Bad Hofgastein
Hüttschlag
Fuscher Ache
Seidlwinkl-Ache
Bucheben
Gasteiner Ache
Edelweiß-Spitze
2577
Hohe Tauern
Hüttwinkl-Ache
Badgastein
Naßfelder Tal
Böckstein
Hochtor
2575
Kolm-Saigurn
Ankogel
3246
3105
Sonnblick
Sportgastein
Mallnitz
4
5
6

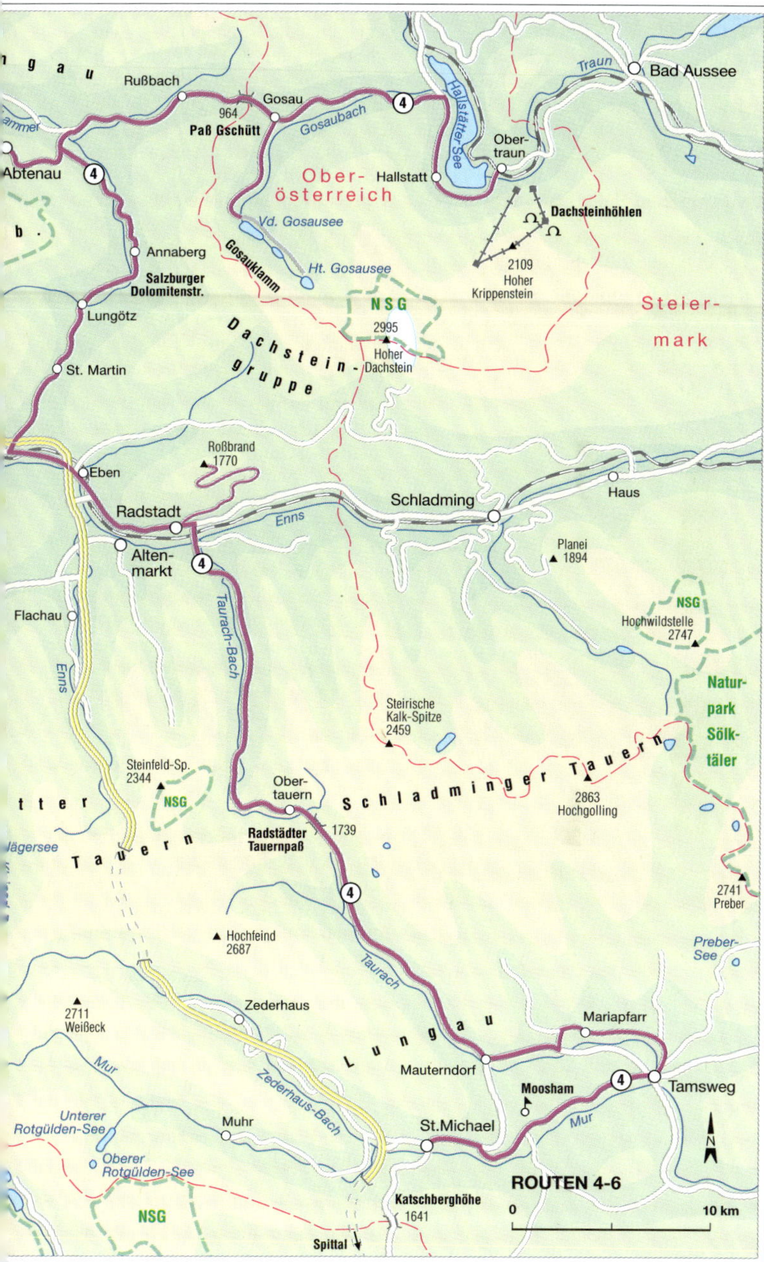
Rußbach
Gosau
964
Paß Gschütt
Gosaubach
Hallstätter See
Traun
Bad Aussee
Ober-
traun
Hallstatt
Ober-
österreich
Abtenau
Dachsteinhöhlen
Vd. Gosausee
Gosauklamm
Ht. Gosausee
2109
Hoher
Krippenstein
Annaberg
Salzburger
Dolomitenstr.
Lungötz
NSG
2995
Hoher
Dachstein
Steier-
mark
Dachstein-
gruppe
St. Martin
Roßbrand
1770
Eben
Radstadt
Schladming
Haus
Enns
Alten-
markt
Planei
1894
Flachau
Tauarch-Bach
NSG
Hochwildstelle
2747
Enns
Natur-
park
Sölk-
täler
Steirische
Kalk-Spitze
2459
Steinfeld-Sp.
2344
NSG
Ober-
tauern
Schladminger Tauern
2863
Hochgolling
Radstädter
Tauernpaß
1739
Jägersee
Tauern
2741
Preber
Hochfeind
2687
Preber-
See
Taurach
2711
Weißeck
Zederhaus
Mariapfarr
Lungau
Mauterndorf
Tamsweg
Moosham
Mur
Zederhaus-Bach
Unterer
Rotgülden-See
Muhr
St.Michael
Mur
N
Oberer
Rotgülden-See
ROUTEN 4-6
NSG
Katschberghöhe
1641
0
10 km
Spittal

Alpin Sports (☏ 0 62 43/30 88, FAX 32 44). Auf rund 100 km markierten Wanderwegen halten sich die Rucksackfreunde fit. Im Winter bildet der meistfrequentierte Ferienort im Tennengau einen Eckpfeiler der Skiregion Dachstein-West (195 km Abfahrten).

Abstecher zum Hallstätter See

Durch das Tal des Rußbachs und über den Paß Gschütt (964 m) erreicht man

** **Hallstatt** (1200 Einw.), 27 km von der Abzweigung. „So sonderbar wie Hallstatt gelegen ist, hatte ich bisher noch keinen Ort gesehen. Die Häuser scheinen nur an dem steilen und schmalen Ufer zu kleben, und ein kleiner Erdstoß scheint allein hinlänglich zu sein, den ganzen Markt in den Fluten des Sees zu begraben", befürchtete 1813 der Reiseschriftsteller Franz Sartori. Bis 1890 war Hallstatt nur mit dem Schiff oder auf Saumpfaden zu erreichen, und innerhalb des Marktes kam man von einem Haus zum nächsten oft nur über die obersten Stockwerke und Dachstühle. Inzwischen gibt es Straßen, aber es ist trotzdem zu empfehlen, das Auto auf dem ersten freien Parkplatz stehen zu lassen.

Hallstatt kann sich mit Fug und Recht als Keimzelle des Salzkammerguts betrachten. Schon in der Urzeit wurde am Salzberg nach dem lebensnotwendigen Mineralstoff gegraben. Die Entdeckung des keltischen Gräberfeldes Mitte des 19. Jhs. gab der Kultur der Älteren Eisenzeit (um 800–400 v. Chr.) den Namen Hallstattzeit. Die Funde sind im *Prähistorischen Museum* zu besichtigen. Vielleicht kam der Abbau nach der Römerzeit zum Stillstand, spätestens im Hochmittelalter wurde er aber wiederbelebt. 1284 ließ Herzog Albrecht den nach seinem Vater benannten Rudolfsturm zum Schutz des Bergwerks bauen. 1311 erhob seine Gemahlin Elisabeth den Ort zum Markt. Das * *Salzbergwerk* ist noch heute in Betrieb. Mit der Salzberg-Standseilbahn fährt man zum Salzberghochtal (838 m) hinauf, wo das Gräberfeld (ca. 2000 Gräber) und der Eingang zur Bergwerksanlage liegen. Eine Führung erläutert die Salzgewinnung; der Salzsee wird auf langen Rutschen erreicht, das Tageslicht mit dem Grubenhunt.

Hallstatts gotische *Pfarrkirche Maria Himmelfahrt* überrascht mit einem ungewöhnlichen Grundriß. Der Flügelaltar, ein Werk des Lienhart Astl (1515), ist dem Pacher-Altar in St. Wolfgang durchaus ebenbürtig. Das *Beinhaus* hinter der Kirche führt drastisch vor Augen, daß in diesem Ort bis vor wenigen Jahren nicht einmal für die Toten

Der Mann im Salz

1734 legten Hallstätter Bergleute bei der Arbeit im Franz-Joseph-Stollen eine Leiche frei. Sie registrierten einen „üblen Fußgeruch", aber sonst nichts Besonderes, hielten die im Salz gut konservierte Leiche für wenige hundert Jahre alt und setzten sie auf dem Friedhof bei. Daß man einen prähistorischen Bergmann in der Erde versenkte, wäre damals keinem in den Sinn gekommen. Rund 100 Jahre später zeigte sich der Bergbeamte Johann Georg Ramsauer bei der Entdeckung von sieben Skeletten westlich des Rudolfsturms viel sensibler. Er dokumentierte den Fund genau und überwachte die Freilegung. Es war der Beginn der systematischen Ausgrabung des Hallstätter Gräberfeldes, die der zwölffache Familienvater finanziell und wissenschaftlich lange Zeit auf sich allein gestellt durchführte. Mögliche Förderer hielten die Funde eher für kurios und erkannten kaum ihren historischen Wert. Der Wiener Hof fand es gar besonders chic, von Ischl aus zu einer Graböffnung nach Hallstatt zu kommen, die eine oder andere bronzene Grabbeigabe als Geschenk entgegenzunehmen und sich allenfalls mit einem Orden erkenntlich zu zeigen.

genug Platz war: Nach 10 Jahren wurde ein Grab geräumt und die Knochen – der Schädel oft kunstvoll bemalt – im Beinhaus aufgeschichtet. Im ältesten profanen Gebäude Hallstatts (14. Jh.) ist das *Heimatmuseum* untergebracht.

Tip: Die Fronleichnamsprozession findet jedes Jahr mit geschmückten Schiffen auf dem See statt – ein prächtiger Anblick.

Hallstatt – Keimzelle des Salzkammerguts.

Oberhalb von *Obertraun* (4 km von Hallstatt) befindet sich die Talstation der Dachsteinbahn auf den Hohen Krippenstein (2109 m; Karstlehrpfad, 2 Std.). Über der Mittelstation (1350 m) liegen die Eingänge zu den ** *Dachsteinhöhlen.* Die Mammuthöhle (37 km lang, 1180 m tief) führt in wild zerklüftete „Dome" mit schaurig-schönen Namen wie „Reich der Schatten" und „Halle der Vergessenheit". Die Rieseneishöhle (15 000 m³ Eis; –1 °C; Führung 1 Std.) gehört wie die Eisriesenwelt bei Werfen (s. S. 71) zu den größten Naturwundern Österreichs; in ihren Felsenhallen haben sich bizarre Türme und Eiswasserfälle gebildet.

Fronleichnamsprozession auf dem Hallstätter See.

Türme aus Stein und Eis – in den Dachsteinhöhlen.

Östlich von Abtenau wendet sich die B166 in Richtung Süden. Der Abschnitt durch das Lammertal wird die *Salzburger Dolomitenstraße* genannt; der wuchtige Gosaukamm im Osten mit seinem Meer von schroffen, weißlichen Felszacken läßt diese Assoziation durchaus aufkommen. Die kleinen Orte *(Annaberg, Lungötz, St. Martin)* wurden nie in Massen aufgesucht. Im Sommer sind sie Fixpunkte für Wanderer, im Winter für Langläufer und Alpinskifahrer (Skiregion Dachstein-West).

Radstadt (4200 Einw.), 69 km. Das Städtchen wurde im späten 13. Jh. planmäßig auf einer Felsterrasse am Ufer der Enns angelegt, zum Schutz der Grenze zur österreichischen Steiermark und der Handelsstraße durch das Taur-

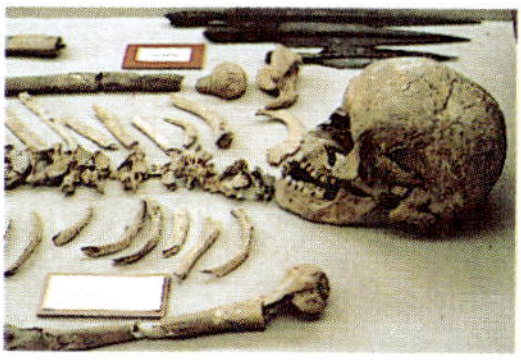

Funde aus der Hallstattzeit im Prähistorischen Museum.

achtal. Die Stadtmauer mit drei Wehrtürmen (16. Jh.) ist fast vollständig erhalten, ebenso die alte Anordnung der Straßen. Die mittelalterliche Bebauung wurde allerdings durch mehrere Brände zerstört, nur ein Haus (Hoheneckgasse 6) und die *Stadtpfarrkirche Maria Himmelfahrt* aus romanischer und gotischer Zeit blieben erhalten.

Radstadt ist ein klingender Name unter Skifahrern. Die Skischaukel Radstadt-Altenmarkt gehört zur „Salzburger Sportwelt Amadé" (320 km Abfahrten, 220 km Loipen).

Auf dem Boden der alten Römerstraße folgt die B 99 dem Taurachtal und steigt zum *Tauernpaß* (1739 m; 91 km) hinauf. Kurz bevor die Höhe erreicht ist, kommt man nach *Obertauern.* Sein Mangel an architektonisch interessanten Gebäuden berührt die unzähligen Skiurlauber wenig; ihr Ziel ist das von November bis Mai absolut schneesichere Skigebiet mit 150 km präparierten Abfahrten und 26 Skiliften.

Durch Obertauern verläuft die Grenze zum *Lungau.* Dieser Gau scheint dem übrigen Salzburger Land den Rücken zuzukehren. Das Hochtalbecken ist von Gebirgszügen umstellt und nur zur Steiermark hin durch das Murtal geöffnet. Die Abgeschiedenheit hat zur Bewahrung von Ursprünglichem und Eigentümlichem beigetragen. Die Ortsbilder blieben vor allzu eilfertig hochgezogenen Hotelbauten verschont. Es ist auch ein reiches Brauchtum erhalten, wie z. B. das Prangstangentragen in Zederhaus und dem idyllisch gelegenen Muhr unweit von St. Michael oder der Samsonumzug (s. S. 12).

Mauterndorf (1700 Einw.), 108 km, wird von seiner * *Burg* beherrscht, die auf den ersten Blick wie ein riesenhaftes Spielzeug erscheint. Doch als solches war sie keineswegs gedacht: Sie wurde um 1253 vom Salzburger Domkapitel zum Schutz des Tales und des Ortes erbaut. Heute ist die Burg Kulturzentrum und beherbergt das *Lungauer Landschaftsmuseum.* Die Burgkapelle von 1339 besitzt die ältesten gotischen Fresken des Salzburger Landes (1350) und einen Flügelaltar von 1452. Der Name Mauterndorf verrät, daß die Ansiedlung das Mautrecht (seit 1143) besaß; sie ist die älteste Zollstätte im Ostalpenraum. Durch sie führte seit der Römerzeit eine wichtige Handelsroute nach Italien. 1217 erhielt der Ort das Marktrecht. Vom steigenden Wohlstand zeugen die mächtigen Treppengiebelhäuser (16./17. Jh.) am *Marktplatz,* eine Seltenheit im Alpenraum.

Westlich des Ortes führt eine Seilbahn zur *Speiereckhütte* (Wanderungen, Skischaukel Speiereck-Großeck).

ℹ Fremdenverkehrsverband, 5570 Mauterndorf, ☎ (0 64 72) 72 79, FAX 76 57.
Taurachbahn (Schmalspurbahn, Betrieb nur Juli/August an Wochenenden). –

Ⓗ **Vital-Hotel Elisabeth,** Ledermoos 274, ☎ (0 64 72) 73 65, FAX 73 65-20. Ein großes Landhaus mit Hallenbad, Dampfgrotten, Diätküche (wer will) u. a. $$
Steffner-Wallner, Markt 90, ☎ (0 64 72) 72 14, FAX 77 94. Im historischen Ortskern, mit denkmalgeschützter Dependance. $$
Pension Lasshofer, Markt 256, ☎ (0 64 72) 72 77. Kinderfreundliche Frühstückspension 5 Min. vom Ortszentrum. $

Ⓡ Im ehemaligen, restaurierten **Mesnerhaus** (Markt 56, ☎ 0 64 72/ 75 95-0) ist ein hochdekorierter Koch am Werk, dessen Speisekarte auch Erschwingliches aufweist. $$
Einige Schritte weiter wird im **Hotel Post** (Markt 85, ☎ 0 64 72/73 16) in ebenso alten Gemäuern österreichische Küche geboten. $

Mariapfarr (2300 Einw.), 114 km. Was kann einem Ferienort Besseres passieren, als der sonnenreichste Flecken in ganz Österreich zu sein und inmitten einer so herrlichen Kulisse zu liegen? Doch damit nicht genug: Mariapfarr reklamiert auch die früheste urkundlich erwähnte Kirche (923) des Lungaus für sich. Es bestehen zwar Zweifel, ob es sich dabei tatsächlich um die *Pfarrkirche Maria Himmelfahrt* handelt, aber von beträchtlichem Alter und künstlerischem Rang ist sie unbestritten. Der ursprüngliche Chor – später umgebaut zum Vorjoch des heutigen Chores – mit dem Turm (1220) besitzt einen Freskenzyklus zum Leben Jesu. Der gegenwärtige Altarraum wurde gegen Ende des 14. Jhs., die Georgskapelle um 1430 gebaut; beide tragen noch den originalen Freskenschmuck.

Tamsweg (5700 Einw.), 122 km, ist die Bezirkshauptstadt des Lungaus. Das *Rathaus* (1570) auf dem Marktplatz wirkt mit seinen Ecktürmchen wie ein kleines Schloß, war aber früher ein Bürgerhaus. Das ehemalige kuenburgische *Schloß* (1742–1749) befindet sich in der Kirchengasse, ebenso das Barbaraspital; wo früher alte und kranke Bergarbeiter gepflegt wurden, ist heute das *Lungauer Heimatmuseum* untergebracht. Das unscheinbare Äußere soll nicht davon abhalten, einen Blick in das Innere der *Pfarrkirche* (1741) zu werfen: hier wird man von einer heiteren Rokokoausstattung begrüßt. Vermutlich hätte die Statue des hl. Leonhard aus *diesem* Kirchenraum nicht Reißaus genommen, wie sie es im Jahre 1421 getan haben soll: Dreimal verschwand der Heilige aus dem Vorgängerbau der Pfarrkirche, und man fand ihn in einem Wacholderstrauch auf einer Anhöhe am Ortsrand wieder. Die Zeitgenossen deuteten dies als Zeichen, daß der hl. Leonhard sich dort eine neue Kirche wünschte und bauten ihm ein spätgotisches Kleinod.

St. Leonhard hat sich wirklich eine schöne Lage ausgesucht: Weithin sichtbar ragt das *Kirchlein über die Baumwipfel des umgebenden Waldes. Es wurde eine der bedeutendsten Wallfahrtsstätten in Österreich und ist berühmt wegen seiner wertvollen Ausstattung, vor allem der Glasfenster, die von einer besonders intensiven Farbgebung sind. Eine einzigartige Wirkung

Auf dem Weg nach Obertauern löst ein Panorama das andere ab.

Die Region am Tauernpaß ist ein Eldorado für Skifahrer.

Eine Burg wie aus dem Lego-Baukasten: Mauterndorf.

besitzt (vor allem am späten Vormittag) das nur in Blau und Goldgelb gehaltene „Goldene Fenster".

Tip: Am *Preber-See,* 8 km nördlich von Tamsweg von Almen und Wald umgeben, findet am letzten Augustwochenende ein sonderbares Schießen statt, das den Könner herausfordert. Es wird nicht auf die Schießscheiben gezielt, sondern auf ihr Spiegelbild im Wasser.

Schloß Moosham (seit 1256 urkundlich nachgewiesen) an der B 96 war einst ein Pfleggericht, das sich bevorzugt mit Hexen und Zauberern befaßte (Folterkammer, mit historischem Mobiliar eingerichtete Räume, Schloßschenke).

St. Michael im Lungau (3400 Einw.), 137 km, besitzt eine erstaunliche Zahl von Kirchen mit interessanten Wandmalereien: die *Pfarrkirche St. Michael* (Freskenreste aus dem 13.–17. Jh.; römischer Grabstein in der nördlichen Vorhalle) mit der Wolfgangskapelle im ehemaligen Beinhaus (gotische Fresken), die *Filialkirche St. Martin* im gleichnamigen Ortsteil (Freskenzyklus an der nördlichen Außenwand aus der 1. Hälfte des 15. Jhs.) mit der Annakapelle im ehemaligen Beinhaus (spätgotische Wandmalereien), das gotische *Ägidiuskirchlein* mit einem Christophorus (um 1400). Im Winter sorgen Abfahrten und die 50 km lange Murtal-Loipe, im Sommer 150 km markierte Wanderwege für ein sportliches Angebot.

ⓘ Fremdenverkehrsverband, Raikaplatz 242, 5582 St. Michael im Lungau, ☎ (0 64 77) 3 42-0, 📠 3 09.

🚌

🏨 **Sport- und Erlebnishotel Eggerwirt,** Kaltbachstr. 5, ☎ (0 64 77) 2 24-0, 📠 2 24-55. Bietet allerlei zur Freizeitgestaltung, u. a. Hallenbad und Tennisplatz. $$

Hotel Post, Marktstr. 61, ☎ (0 64 77) 2 40. In einem Barockhaus. $$

🍴 **Wastlwirt,** Marktstr. 13, ☎ (0 64 77) 7 15 50. Urige Lungauer Stube; österreichische Küche und gepflegte Kellerweine. $

Route 5

Die Salzach und ihre wilden Schwestern

(* Salzburg –) St. Johann im Pongau – (Großarltal – Gasteiner Tal – * Rauriser Tal –) Zell am See (104 km)**

Das Salzachtal fädelt die schönen Tauerntäler wie eine Kette auf: das Großarltal mit der Liechtensteinklamm, das von mondänen Kurorten lebende Gasteiner Tal und das idyllische Rauriser Tal, in dem man wie vor Jahrhunderten sein Glück beim Goldwaschen versuchen kann. Höhepunkt der Vier- bis Fünftagestour ist die größte bekannte Eishöhle der Erde, die Eisriesenwelt. (Karte S. 64/65.)

Südlich von *Golling* (Beschreibung der Strecke zwischen *Salzburg* und Golling siehe Route 4, S. 62) wird das Salzachtal sehr viel enger. Die B 159 folgt der alten Römerstraße über den *Paß Lueg* (552 m). Dort, wo sich der Fluß tief zwischen das Hagen- und das Tennen-Gebirge eingegraben hat, entstanden die *Salzachöfen,* eine 1,5 km lange Klamm, zu der ein Fußweg vom Paß Lueg hinunterführt (einfach 20 Min.).

Werfen (3200 Einw.), 44 km. Als Erzbischof Gebhard 1077 im Investiturstreit für Papst Gregor VII. und gegen König Heinrich IV. Partei ergriff, leitete er zugleich umfangreiche Schutzmaßnahmen für seine Residenzstadt ein. Im gleichen Jahr begann er mit dem Bau der Festungen in Salzburg und Werfen. Der steile Felskegel (680 m) im Salzachtal war prädestiniert für eine Burg, um den Paß Lueg vor kaiserlichen Attacken zu schützen. Erweiterungen im 12. und 16. Jh. ließen *Hohenwerfen* die heutige Gestalt einer Bilderbuchburg annehmen. Heute steht der Bau kulturellen Veranstaltungen und Tagungen zur Verfügung (Führungen; Greifvogelstation mit Vorführungen frei fliegender Adler, Geier und Falken im Sommer tägl. 11, 14, 16 Uhr, sonst tägl. 11, 15 Uhr).

Wenn die ** *Eisriesenwelt* mit einem Gesamtnetz von über 47 km Länge als die größte bekannte Eishöhle der Welt bezeichnet wird, ist diese Märchenwelt noch lange nicht ausreichend beschrieben. Für Namen der bizarren Eisformationen, die das gefrierende Schmelzwasser bildet, standen Figuren der nordischen Mythologie Pate: „Hymir-Halle", „Friggas Schleier", „Odin-Saal". Rund 800 m geht der touristisch erschlossene Weg in das Berginnere. Die Eisriesenwelt läßt sich nicht im Schnelldurchlauf besichtigen, man sollte sich etwa vier Stunden Zeit nehmen. Da der Parkplatz (von dort 20 Min. Fußmarsch bis zur Talstation der Seilschwebebahn) nur begrenzt aufnahmefähig ist, empfehlen sich der Linienbus, der Bustaxiverkehr vom Bahnhof Werfen und der Shuttlebus vom Parkplatz im Ort Werfen. Führungen (1400 strapaziöse Stufen; Dauer ca. 1 Std.; nur Mai bis Anf. Okt.) beginnen bei der Schutzhütte (Dr.-F.-Oedl-Haus) an der Bergstation und am etwa 20 Min. bergan liegenden Höhleneingang. Man sollte feste Schuhe, warme Kleidung und Handschuhe tragen (Minusgrade und eiskalte Treppengeländer!).

Warnung an irdische Sünder: Fresken in der Pfarrkirche zu St. Michael.

Hohenwerfen – einst Trutzburg gegen den deutschen König …

… heute Greifvogelstation mit Vorführungen.

5

Die Entdeckung der Eisriesenwelt

Wie das Tor zur Unterwelt erscheint dem Näherkommenden der Höhleneingang. Als er noch unverbaut war, blies einem der eisige Wind so stark entgegen, daß man kaum eintreten konnte. Die seltsam heulenden Töne ließen den Entdecker der vom Tal aus nicht sichtbaren Höhle entsetzt kehrtmachen. Jahrzehnte später wurde die Erforschung der Eisriesenwelt zum Lebensinhalt des Malers Alexander von Mörk (1887–1914). Er überwand einen Eiswall nach dem anderen und durchquerte in einem selbstgefertigten Taucheranzug tollkühn das unterhalb eines sturmgepeitschten Sees liegende Gängesystem, um schließlich den riesigen Dom zu finden, der heute seinen Namen trägt und in dem er nach seinem frühen Tod beigesetzt wurde.

Bischofshofen (10 000 Einw.). Der Austragungsort des Dreikönigsspringens im Rahmen der Vier-Schanzen-Tournee (Anf. Januar) breitet sich auf kulturträchtigem Boden aus: Seit der Jungsteinzeit wird hier gesiedelt. 700 gründete der hl. Rupert eine dem hl. Maximilian geweihte Zelle. Die gotische *Pfarrkirche St. Maximilian* geht auf die Romanik zurück; das Marmorgrabmal des Chiemseer Bischofs Sylvester, eine Arbeit von Hans Baldauf (1453), ist das einzige erhaltene gotische Hochgrab im Salzburger Land. Das berühmte *„Rupertuskreuz"* (Original im Pfarrhof) entstand um 700 in Irland und kam wahrscheinlich unter Virgil nach Salzburg.

St. Johann im Pongau (8900 Einw.), 62 km. Als 1855 ein furchtbarer Brand das Dorf mitsamt seiner Kirche einäscherte, kleckerte man beim Wiederaufbau nicht, sondern klotzte mit einer mächtigen *neugotischen Kirche*. Das bedeutendste historistische Baudenkmal Salzburgs erhielt den Beinamen „Pongauer Dom". Neben Flachau und Wagrain ist St. Johann der Dritte im Verbunde einer Drei-Täler-Skischaukel, die den Kern der „Salzburger Sportwelt Amadé" bildet (insgesamt 120 Lifte, 320 km Pisten, 220 km Loipen).

ℹ Fremdenverkehrsverband, Hauptstraße/Oberer Markt, 5600 St. Johann im Pongau, ☎ (0 64 12) 60 36-0, FAX 60 36-74.
🚆 Salzburg–Zell am See, Villach.
🚌

🏨 **Sporthotel Alpenland,** Hans-Kappacher-Str. 7–9, ☎ (0 64 12) 70 20 oder 70 21, FAX 70 21-51. Mit eigenem Hallenbad. $$
Hotel Alpendorf, Alpendorf 9, ☎ (0 64 12) 62 59, FAX 73 91. Im Sommer führt der Chef in die Berge, im Winter besorgt das die Sesselbahn. $$
Pension Edelweiß, Alpendorf 45, ☎ (0 64 12) 2 48, FAX 2 48-8. Komfortabel und modern ausgestattete Zimmer und Appartements. $
🍴 **Hotel Restaurant Zinnkrügel,** Alpendorf 7, ☎ (0 64 12) 61 79. Im neuen Prachtbau mit viel Holz wirkt St. Johanns einziger Meisterkoch. $$
Gasthof Brückenwirt, Hauptstr. 78, ☎ (0 64 12) 25 90 oder 4 25 90. Seit Jahrzehnten Familienbetrieb mit rustikaler Einrichtung. $

Tip: Am Dreikönigstag (6. Jan.) wird in St. Johann ein alter Brauch gepflegt: der *Pongauer Perchtenlauf* (s. S. 12).

Abstecher ins Großarltal

Die * *Liechtensteinklamm* (5 km südlich von St. Johann, 🚌) ist die berühmteste Klamm der Ostalpen und entsprechend gut besucht. Ihr Name ehrt Fürst Johann von Liechtenstein, der sich Ende des vorigen Jahrhunderts um ihre Erschließung verdient gemacht hat. 1942 wurde sie zum Naturdenkmal erhoben. Sie ist „ein Naturwunder, und nur insofern lästig, als sie zu Fuß betrachtet werden will", spöttelte der Dichter Karl Heinrich Waggerl. „Es gibt da himmelhohe Wände, stäubende Wasserfälle und in der Tiefe wieder den harmlos murmelnden Bach, der sich diesen Titanenpfad durch das Gestein grub." Der Weg durch die bisweilen nur 2 m breite Felsenschlucht mit vielen Stufen endet nach ca. 30 Minuten bei einem 50 m hohen Wasserfall.

Großarl (3400 Einw.; 15 km von St. Johann) wird im Sommer von Wanderern, im Winter von Skifahrern besucht (Skischaukel Dorfgastein–Großarl: 80 km Abfahrten, 40 km Loipen). Am Talende liegt *Hüttschlag*. Der Name erinnert an die Bergwerksvergangenheit. Stattliche Bauernhöfe und die Kirche (1679) formieren sich zu einer dörflichen Idylle. Um das 1992 eingeweihte Nationalparkhaus (Wirtshaus) wird im Lauf der nächsten Jahre ein Freilichtmuseum aufgebaut.

—

Wenige Kilometer südlich von St. Johann dreht sich das Salzachtal in Ost-West-Richtung. Die Sonne kann von morgens bis abends auf die Orte am Südrand der Dientener Berge scheinen. „Pongauer Sonnenterrasse" wird daher diese Mittelgebirgsregion genannt, in der sich

Goldegg (2000 Einw.) am Ufer eines Moorsees (Badeanstalt) einen besonders hübschen Platz ausgesucht hat. *Schloß Goldegg* geht auf einen Bau aus dem Jahr 1323 zurück, der seither einige Umbauten und in jüngster Zeit eine sorgfältige Restaurierung erfahren hat. Der Rittersaal mit einer Holztäfelung von etwa 1500 und Fresken von 1536 ist die bedeutendste einheitliche Raumausstattung aus dieser Zeit in Salzburg (nur im Rahmen von Führungen zu besichtigen). Das Schloß beherbergt das Pongauer Heimatmuseum.

Nimmt mit kargem Fels vorlieb: Gletscherhahnenfuß.

Abstecher ins Gasteiner Tal

Bei *Lend* (78 km) zweigt die B 167 ins *Gasteiner Tal* ab, das schon seit dem Mittelalter einige Berühmtheit besitzt. Zwar wurde der Goldbergbau inzwischen stillgelegt, aber die Heilkraft sprudelnder Thermalquellen ist ungebrochen und erhöht nicht nur das Wohlbefinden der Kurgäste, sondern auch die Kontostände vieler Talbewohner.

„Titanenpfad durch das Gestein": die Liechtensteinklamm.

Die Gasteiner Ache beendet ihren Lauf Richtung Salzach mit viel Gebraus durch die *Gasteiner Klamm*. Unweit südlich liegt oberhalb der mittelalterlichen *Burg Klammstein* (Führungen) die *Entrische Kirche*, die größte Höhle der Salzburger Zentralalpen; sie diente während der Gegenreformation den Protestanten als geheimer Kirchenraum (vom Parkplatz Klammstein an der B 167 führt ein steiler Pfad in 45 Min. zum Höhleneingang; 50minütige Führungen Ende März bis Anf. Okt. tägl. 11, 12, 14, 15, 16 Uhr).

Dorfgastein (1500 Einw.), 9 km von Lend, ist – dem Namen entsprechend – ein ländlicher Auftakt im Gasteiner Tal. Der kleine Ort wird von Urlaubern (viele mit Kindern) geschätzt, die der Be-

Zünftige Pisten verspricht das Großarltal.

5

triebsamkeit der Kurorte nahe sein, aber nicht mitten darin stecken wollen. Sportlicher Unterhaltungsdrang kann hier mehrfach befriedigt werden, im Sommer beim Reiten, Drachenfliegen, Paragleiten und Rafting, im Winter auf der zünftigen Skischaukel Großarl-Dorfgastein.

Fremdenverkehrsverband, 5632 Dorfgastein, ☎ (0 64 33) 2 77, Fax 6 37 37.
Salzburg–Villach. –
Unterbergerwirt, Unterberg 7, ☎ (0 64 33) 3 59-0, Fax 3 59-5. Mit Bauernhof, kindergerechter Ausstattung sowie Haubenrestaurant. $$, Restaurant $$
Gasthof Zur Ruine, Klammstein 36, ☎ (0 64 33) 6 11, Fax 6 11-4. Unterhalb der Ruine Klammstein, Landhaus mit eigenen Tennisplätzen. $

Bad Hofgastein (6000 Einw.), 17 km von Lend, bietet die Infrastruktur eines Kurortes mit einem 120 000 m² großen *Alpen-Kurpark,* in dessen Zentrum sich das moderne Kur- und Freizeitzentrum befindet. Ein *Thermentempel* (Hallenbad) und ein reichhaltiges Kurangebot sorgen für Regeneration von Körper, Geist und Seele. Im Winter läßt es sich auf der Skischaukel Schloßalm-Stubnerkogel prächtig wedeln.

Fremdenverkehrsverband, Senator-Wipfling-Platz 1, 5630 Bad Hofgastein, ☎ (0 64 32) 71 10-0, Fax 71 10 31.
Salzburg–Villach. –
Paracelsus, Alpenstr. 3, ☎ (0 64 32) 66 67, Fax 66 67 32. Kleines, gepflegtes Haus am Rande des Kurparks. $$
Kurhaus Rübezahl, Gerichtsstr. 2, ☎ und Fax (0 64 32) 61 08. Der lustige Name paßt zu der verspielten Fassade des 1907 erbauten Hauses. $

***Badgastein** (5700 Einw.) ist der berühmteste Ort des Tales. Schon im Mittelalter wurde hier ein reger Kurbetrieb verzeichnet. Zu einem Bad von Welt entwickelte sich Gastein in der zweiten Hälfte des 19. Jhs., als sich allerhöchste Majestäten aus den Häusern Habsburg, Hohenzollern und aus fernen Ländern in großer Zahl einfanden, und blieb es bis in die 60er Jahre unseres Jahrhunderts, bevor die internationale Prominenz eher in Kitzbühel oder St. Moritz Abwechslung suchte. Wenn auch nicht mehr *der* V.I.P.-Treff schlechthin, lockt Badgastein mit einem vielfältigen Angebot zu Kur- und Aktivurlaub ein wachsendes Publikum an. Eine Attraktion ist der Ort selbst, der um den mächtigen Wasserfall der Gasteiner Ache gewachsen ist. Die aus Platzmangel um die Jahrhundertwende sehr in die Höhe gebaute Hotelarchitektur bildet einen einzigartigen Kontrast zur umliegenden Alpenlandschaft.

Kur- und Fremdenverkehrsverband, Kaiser-Franz-Josef-Str. 1, 5640 Badgastein, ☎ (0 64 34) 25 31-0, Fax 25 31-37 und -40.
Salzburg–Villach.

Kurhoteldorf Grüner Baum, Kötschachtal 25, ☎ (0 64 34) 25 16-0, Fax 25 16-25. In der Abgeschiedenheit des Kötschachtals suchen viele Prominente ungestörte Erholung; mit Thermalhallenbad. $$$

Im hinteren Gasteiner Tal treffen in *Böckstein* die Vergangenheit des Tales als großes Bergbaugebiet und die Gegenwart des modernen Kurbetriebs auf engstem Raum zusammen. Die historische Wohn- und Werkssiedlung aus dem 18. Jh. ist geschlossen erhalten geblieben und steht heute unter Denkmalschutz (Museen). Erst 1940 entdeckte man bei einem Wiederbelebungsversuch des Goldbergbaus die heilkräftige Wirkung der stark radonhaltigen Luft im Stollen (38–41 °C Temperatur, 75–95 % Luftfeuchtigkeit). Die Straße (mautpflichtig) führt weiter auf das *Naßfeld* mit den Liftanlagen *Sportgastein.*

Gasthaus Radhausberg, Karl-Imhof-Ring 28, Böckstein, ☎ (0 64 34) 27 57. In der salzburgisch-dänischen Küche verrät sich die Herkunft des Wirtsehepaars. $$

Abstecher ins * Rauriser Tal

Wie die Gasteiner muß sich auch die Rauriser Ache auf dem letzten Stück Weg zur Salzach zwischen hohen Felsen hindurchzwängen: durch die * *Kitzloch-Klamm* mit Wasserfall und Tropfsteinhöhle (eigene Bahnstation, Parkplatz, hin und zurück 2–3 Std.). Der Goldbergbau war auch im Rauriser Tal von großer Bedeutung, wovon die Gewerkenhäuser aus dem 15. und 16. Jh. in

Rauris (3000 Einw.), 10 km von Taxenbach, Zeugnis ablegen. Über das Tal, seine Flora, Fauna und Geschichte gibt das *Heimatmuseum* im alten Schulhaus (1563) Auskunft. Rauris hat sich als Ort und Tal – sehr im Gegensatz zum Gasteiner Tal – seine ländliche Idylle weitgehend bewahrt. Im Winter hält sich der Rummel an den neun Liften (30 km Abfahrt) in Grenzen; auf 100 km Loipen hat man die Spur meist für sich allein. Im Sommer ist Rauris ein Tor zum Wanderparadies. Der Goldbergbau wurde zwar 1927 eingestellt, man kann aber (auch unter kundiger Anleitung) sein Glück als Goldwäscher versuchen (Ausrüstung beim Fremdenverkehrsverband).

Fremdenverkehrsverband, Marktstr. 30, 5661 Rauris, ☎ (0 65 44) 62 37, Fax 70 49.

Sporthotel Rauriserhof, Marktstr. 6, ☎ (0 65 44) 62 13, Fax 71 56. Am Ortseingang von Rauris gelegen, mit Hallenbad und Tennisplätzen. ($)
Gasthof Zur Schütt, Seidwinkl 19, ☎ (0 65 44) 64 03, Fax 64 03-85. Das über 400 Jahre alte, stilecht erhaltene Haus am Eingang des Nationalparks bietet gut ausgestattete Zimmer ($) und eine bekannt gute, regionale Küche mit frischen, gesunden Produkten aus der heimischen Landwirtschaft ($). Gleiches gilt für den **Andrelwirt** in Wörth (Nr. 15), ☎ (0 65 44) 64 11; ($)

In *Wörth* (14 km von Taxenbach) gabelt sich das Tal. Ein im Mittelalter

Thermalpool in Bad Hofgastein.

Kurbad für allerhöchste Majestäten: Badgastein.

Ländliche Idylle, weitgehend unentdeckt: das Rauriser Tal.

Die alten Gewerkenhäuser stammen aus der Zeit des Goldbergbaus.

5

wichtiger Saumpfad führt die Seidlwinkl-Ache entlang zum *Hochtor* (2575 m; einfach 6 Std.). Im *Hüttwinkltal* dagegen erreicht man nach 5 km *Bucheben.* Seine Pfarrkirche mit dem Pfarrhof (beide 1785 erbaut), die Wirtschaftsgebäude und der „Kirchenwirt" bilden zusammen ein malerisches Ensemble – und die Kulisse für die „Rauriser Literaturtage" Ende März. In *Kolm-Saigurn* am Talschluß (16 km von Wörth) können die verfallenen Bergwerkseinrichtungen und Knappenhäuser auf dem Tauerngold-Rundwanderweg erkundet werden (mit dem Gletscherlehrpfad Sonnblick hin und zurück 5–6 Std.). Der Naturlehrweg Rauriser Urwald führt in einen Bergsturzwald mit 90 Moortümpeln. Auf dem *Sonnblick* (3105 m) befinden sich die höchstgelegene Wetterstation der Ostalpen und das Zittelhaus (Aufstieg von Kolm-Saigurn, einfach ca. 5 Std.).

Bei *Bruck* (s. S. 82; 98 km), dem Eingang zur ** Großglockner-Hochalpenstraße, verbreitert sich das Salzachtal und bildet mit dem Zeller See im Mündungsbereich des Saalachtales ein breites Becken. Endstation unserer Route ist

Zell am See (8800 Einw.), 104 km. Es wurde nach dem Anschluß an das Eisenbahnnetz Ende des 19. Jhs. als Sommerfrische entdeckt. Die schöne Lage auf dem vorwitzig in den See ragenden Schwemmkegel und die Wandermöglichkeiten waren Anziehungspunkte. Selbst Kaiser Franz Joseph bestieg den Zeller Aussichtsberg, die *Schmittenhöhe* (1965 m), auf den heute eine Schwebebahn führt. Die idealen naturgegebenen Voraussetzungen wurden inzwischen durch ein nahezu umfassendes Sport- und Freizeitangebot ergänzt, bis hin zur 2x18-Loch-Golfanlage und einer Segelflugschule. Im Winter ist die Stadt das Zentrum der „Europa-Sportregion Kaprun-Zell am See" mit den „Hausbergen" Schmittenhöhe und Kitzsteinhorn (3203 m; 130 km Abfahrten, 300 km Loipen). Die Urlaubsfreuden wären fast vollkommen, führte nicht die B 311 mitten durch den Ort.

Die heutige Bezirkshauptstadt des Pinzgaus begann im 8. Jh. als Mönchszelle, wovon der Ortsname herrühren dürfte. Vom alten Ortskern blieben im wesentlichen drei Bauwerke erhalten: Im *Schloß Rosenberg* (1583) befindet sich heute das Rathaus. Der *Vogtturm,* ein alter Wehrturm und Getreidespeicher (vermutlich 13. Jh. oder älter), beherbergt das *Heimatmuseum.* Die *Pfarrkirche St. Hippolyth* ist eine ursprünglich romanisch-gotische Basilika, die später verändert wurde; von besonderem Reiz ist die Orgelempore (1514/15) mit einem eleganten Netzrippengewölbe und feinem Maßwerk; sie ruht auf gedrehten Säulen aus Adneter Marmor.

ℹ Kurverwaltung, Brucker Bundesstraße 1, 5700 Zell am See,
☎ (0 65 42) 26 00-0, FAX 20 32.
Bahn: Salzburg–Kufstein; Kopfbahnhof der Schmalspurbahn nach Krimml.
Bus

Hotel: **Salzburger Hof,** Auerspergstr. 11,
☎ (0 65 42) 28 28-0, FAX 28 28-66.
Viel Komfort und die hohe Kunst der Küche. $$$, Restaurant mit ruhigem Gastgarten $$

Hotel Seehof, Salzmannstr. 3,
☎ (0 65 42) 26 66, FAX 26 66-6. Ein Teil der Zimmer und die Caféterrasse blicken zum See. $$

Pension Klothilde, Schiliftstr. 2–4,
☎ (0 65 42) 26 60. Mit Garten und Liegewiese, 10 Min. vom See entfernt. $

Restaurant: **Ampère,** Schmittenstr. 12,
☎ (0 65 42) 23 63. Lokal und Bar im alten Umspannwerk sind ein exklusiver Treff. $$

Beim **Metzgerwirt,** Saalfeldnerstr. 5,
☎ (0 65 42) 25 20, werden seit Jahrhunderten bodenständige Schmankerl serviert. $$

Pfarrkirche St. Nikolaus in Dienten am Hochkönig.

Route 6

Am Steinernen Meer

Bischofshofen – Dienten – Saalfelden (44 km)

Das Panorama der Dientener Berge und des Steinernen Meeres steht im Mittelpunkt des folgenden, landschaftlich bezaubernden Tagesausflugs. Schönes Wetter ist allerdings die Voraussetzung, um den Blick genießen und den Fotoapparat zum Einsatz bringen zu können. Zwischen Bischofshofen und Saalfelden verkehrt der umweltfreundliche Hochkönig-Wanderbus. (Karte S. 64/65.)

6

Bei *Bischofshofen* (s. S. 72) öffnet sich das *Mühlbachtal.* In *Mühlbach* (1600 Einw.) wurde bis 1977 Kupfer abgebaut. Davon kann man sich im Schaubergwerk überzeugen (Führung im Sommer Di bis So um 16 Uhr).

Wilde Rangeleien

Ranggler heißen sie – nicht zu verwechseln mit den Wrestlern –, und die Ranggelei ist gar nicht so regellos, wie sie auf den ersten Blick erscheinen mag. Die Pinzgauer, die in Scharen am ersten Sonntag nach Jakobi (25. Juli) auf den Hundstein kommen, kommentieren kundig die Kampftechniken. Seit dem Mittelalter ist der Wettstreit der Burschen um den Titel des „Hagmoar" auf dem 2117 m hohen Gipfel bezeugt. Der Aufstieg auf den Hundstein dauert von Maria Alm zu Fuß etwa vier Stunden; es gibt aber auch einen Sessellift zur Schwarzeckalm, von dort sind es nur noch zwei Stunden zum Gipfel.

Der imposante Kalkstock des *Hochkönigs* (2941 m) hat einen Plateaugletscher. Die Sage weiß zu berichten, wie er zu seinem Namen „Übergossene Alm" gekommen ist: Zur Strafe für das frevelhafte Betragen der Senner und Sennerinnen, die auf der Alm im Überfluß lebten, einem Bettler aber ein Stück Brot verweigerten, wurden die einst fetten Almen mit einem Donnerschlag von Eis überzogen. Den schroffen Mandlwänden des Massivs können Sie bequem näherrücken, denn die Anfahrt bis zum Arthur-Haus (1502 m) ist mit dem Auto, dem öffentlichen Bus bzw. dem Hochkönig-Wanderbus möglich. Die kleine Wanderung von dort zur Hütte der Mitterfeld-Alm (1654 m) dauert nur eine Stunde. Zum Matras-Haus (2941 m) am Hochkönig sollten nur Geübte bei sicherer Witterung aufsteigen (weitere 5 Std. einfach).

Dienten am Hochkönig (900 Einw.), 23 km. Die kleine *Pfarrkirche St. Nikolaus* (1506) liegt mit ihrem barocken Zwiebeltürmchen so fotogen auf einem Hügel, daß sich mit dem Hochkönig im Hintergrund ein Ansichtskartenmotiv von fast schon kitschiger Schönheit ergibt. Der Kirchenraum ist zweischiffig, wie es in Bergwerksgemeinden der Brauch war (wenn geschlossen, Schlüssel im Pfarrhaus).

Maria Alm am Steinernen Meer (2000 Einw.), 39 km. Die *Pfarr- und Marienwallfahrtskirche* (1500–1508) besitzt den höchsten Kirchturm im Salzburger Land; er überragt mit seinen 84 m sogar den Salzburger Dom. Die üppige Barockisierung erfolgte im 18. Jh. Zu dem spätgotischen Gnadenbild der Muttergottes (1480) sollen die Wallfahrer in früheren Zeiten um Abhilfe von der Bärenplage gebetet haben. Heute ist das nicht mehr notwendig: Die wilden Tiere bleiben freiwillig fern, denn das Gebiet zwischen Mühlbach und Saalfelden hat sich zu einem Skidorado (160 km Abfahrten, 200 km Loipen) entwickelt; in Maria Alm sowie seinen Skidörfern *Hintermoos* und *Hinterthal* tummeln sich besonders die „hohen

Tiere“ aus Politik und Wirtschaft. Wandern ist zu jeder Jahreszeit möglich.

Saalfelden (12 600 Einw.), 44 km, liegt im Saalachtal am Rande des Zeller Beckens zwischen den Leoganger Steinbergen und dem Steinernen Meer, den Kitzbüheler Alpen und den Dientener Bergen. Schon in vorgeschichtlicher Zeit entstand auf diesem von der Natur begünstigten Platz eine Siedlung. In der Neuzeit war der Ort Verwaltungszentrum der Grafschaft Unterpinzgau und Sitz vieler Adelsfamilien. Leider zerstörten große Brände (1734, 1811) die alte Bebauung. So muß man sich mit dem *Pinzgauer Heimatmuseum* im *Schloß Ritzen* (1604) begnügen, das u. a. die größte Krippensammlung Österreichs besitzt. Der Ritzensee bietet mit seinem Strandbad eine von mehreren Bademöglichkeiten. Noch immer bewohnt wird die *Felseneinsiedelei St. Georg* (1664) oberhalb des Schlosses Lichtenberg im Nordosten von Saalfelden. Kinder – vielleicht nicht nur sie – werden besonders an der längsten Sommerrodelbahn Europas (1600 m) interessiert sein.

ℹ Fremdenverkehrsverband, Bahnhofstr. 10, 5760 Saalfelden, ☎ (0 65 82) 25 13, FAX 53 98.
Zell am See–Innsbruck. –
Ⓗ **Sporthotel Gut Brandlhof,** Hohlwegen 4, ☎ (0 65 82) 21 76-0, FAX 21 76-5 98. Gutshof, umgeben von Hallen und Freianlagen zum Schwimmen, Reiten, Tennisspielen sowie einem 18-Loch-Golfplatz. $$$
Gasthof Liendlwirt, Loferer Str. 3, ☎ (0 65 82) 45 73, FAX 45 73-80. Mit hübschem Gastgarten. $$
Mußbachhof, Marzon 12, ☎ (0 65 82) 35 51. Bauernhof; guter Ausgangspunkt für Wanderungen, Rad- und Langlauftouren. $
Ⓡ **Schatzbichl,** Ramseiden 82, ☎ (0 65 82) 32 81. Gasthof mit hochgepriesener österreichischer Küche zu sehr fairen Preisen. $$
Gasthof Schörhof, Marzon 10, ☎ (0 65 82) 22 10. Gutbürgerliches Lokal mit eigener Landwirtschaft. $$

Auf dem Weg zum Arthur-Haus.

Wilde Ranggler um den Titel des „Hagmoar“.

Bizarre Bergwelt: die schroffen Felstürme der Mandlwände im Hochkönigmassiv.

Route 7

Die Saalach – Kraftmeier in den Kalkalpen

Zell am See – Lofer – ***Salzburg (87 km)

Diese Route führt durch eine abwechslungsreiche Landschaft. Das Zeller Becken wird von den Grasbergen des Pinzgaus eingerahmt. Die sanft geformten Rücken dieser Schieferberge sind von Wiesen und Weiden bedeckt. Danach wird´s dramatisch: Denn nördlich von Saalfelden bahnt sich die Saalach energisch ihren Weg durch die schroffen Kalkalpen. Eine Reihe von Klammen und Höhlen hat das Wasser über Jahrtausende auf seinem Weg ins Tal ausgewaschen – Grund genug, immer wieder den Rucksack umzuschnallen und die Saalach bergauf zu verlassen. Wer das traditionelle Wandergebiet zu Fuß kennenlernen will, sollte mehr als einen Tag zur Verfügung haben.

Zell am See (s. S. 76).

Bei *Maishofen* zweigt eine Straße ins *Glemmtal* ab, durch das die obere Saalach fließt. Hier entwickelte sich verbunden mit dem Nachbartal der Skizirkus Saalbach-Hinterglemm-Leogang (200 km Abfahrten, 94 km Loipen). 1991 war *Saalbach-Hinterglemm* (2800 Einw.) Austragungsort der Alpinen Skiweltmeisterschaften. Auch in der wanderbaren Zeit schweben die Lifte in schöne Bergregionen hinauf wie den Kohlmais, den Zwölferkogel oder den Schattberg.

Nördlich von *Saalfelden* (s. S. 79; 16 km) verengt sich das Tal. Auf der Suche nach einem Weg durch das Kalkgestein hat das Wasser tiefe Klüfte und Höhlen geschaffen. Nordöstlich von *Weißbach bei Lofer* (30 km) beginnt die eindrucksvolle *Seisenbergklamm* (vom Parkplatz hin und zurück ca. 90 Min.). 1 km weiter befindet sich an der B 311 (Parkplatz) das *Lamprechtsofenloch*, ein etwa 35 km langes Wasserhöhlenlabyrinth am Fuß der Loferer Steinberge, das man auf eigene Faust erkunden kann (ca. 2 Std.). Wieder 1 km weiter führt ein Seitental der Saalach zur **Vorderkaserklamm*, die als eine der schönsten Klammen Österreichs gilt.

7

Der Schatz des Ritters Lamprecht

Jede bessere Höhle hat einen Schatz. Wie das Lamprechtsofenloch zu seinem gekommen ist, erzählt die Pinzgauer Sage vom Ritter Lamprecht. Der hatte seinen beiden Töchtern ein beträchtliches Vermögen in Form von Tauerngold hinterlassen. Trotz vorsorglicher Nachlaßbestimmungen hinterging die ältere die jüngere Schwester, die blind und hilflos war, beim Aufteilen der Goldkörner. Die Betrügerin ereilte jedoch rasch die gerechte Strafe: Als sie den Schatz aus Furcht vor Entdeckung in der Höhle nahe dem Rittergut versteckte, versperrte ihr der anschwellende Bach den Weg zurück ins Freie, und sie ging elend zugrunde. Seither spukt sie als Geist in der Lamprechtshöhle. Das hat aber seit Jahrhunderten so manchen Wagemutigen nicht von der Schatzsuche abhalten können, der den wahren Kern der Sage nicht erkannte: die Gefährlichkeit des Baches bei Hochwasser. 146 Skelette sind in der Höhle geborgen worden. Die Fundorte markieren schwarze Kreuze. Wenn auch seit der touristischen Erschließung der Höhle der Bach weitgehend gezähmt ist, waghalsigen Tauchern wurde er jüngst wieder zum Verhängnis.

(Von der Jausenstation Vorderkaser bis zum Klammende ca. 45 Min.)

Westlich von *St. Martin bei Lofer* (38 km) liegt versteckt am Ende eines kleinen Seitentals (1,5 km, Mautstraße) die * *Wallfahrtskirche Maria Kirchenthal,* erbaut 1634–1701 nach Plänen von Johann Bernhard Fischer von Erlach. Einem barocken Schatzkästchen gleich birgt sie ein Gnadenbild aus dem 15. Jh.

Lofer (2700 Einw.), 40 km, besitzt einen alten Ortskern mit einer gotischen Kirche. Der traditionsreiche Urlaubsort konnte sich seine natürliche Atmosphäre bewahren: Ruhig und gemütlich ist er geblieben, obwohl er als „Basislager" für Wanderlustige, Skifahrer und neuerdings auch für Freunde des Wildwassersports gilt.

Fremdenverkehrsverband, 5090 Lofer, ☎ (0 65 88) 3 21-0, FAX 74 64.

Hotel St. Hubertus, Lofer 180, ☎ (0 65 88) 2 66-0, FAX 74 65. Mit Hallenbad, Lift und Panoramablick. $$
Hotel Bräu, Lofer 28, ☎ (0 65 88) 20 70-0, FAX 2 07-71. Gepflegte Zimmer in einem altehrwürdigen, renovierten Gebäude. $$
Pension Herta, Lofer 158, ☎ (0 65 88) 72 14. Kleines Landhaus am Ortsrand. $

Das **Hotel Bräu** (s. o.) hat einen schattigen Gastgarten an der Ache, einen von Clemens Holzmeister errichteten Festsaal – und zwei Speisekarten: in der Salzburger Stube speist man „de luxe", in den übrigen Räumen gutbürgerlich. $$ bzw. $

Tip: Im September wird auf den Almen das Vieh aufwendig geschmückt und mit bimmelnden Glocken ins Tal getrieben. Das Ereignis ist Anlaß für ein Fest und einen Bauernmarkt.

Über *Bad Reichenhall* (siehe Polyglott-Reiseführer „Chiemgau – Berchtesgadener Land") erreicht man

*****Salzburg** (s. S. 28), 87 km, nach zweimaliger Grenzüberquerung.

Traditionsreicher Urlaubsort ohne Schnickschnack: Lofer.

Route 8

Zum ewigen Eis: ** Die Großglockner-Hochalpenstraße

Zell am See – * Heiligenblut (72 km)

Die Großglockner-Hochalpenstraße ist die Königin unter allen Panoramastraßen durch die Ostalpen. Mit ihr setzte sich der Kärntner Franz Wallack ein Denkmal. Die folgende Tagestour endet im ewigen Eis. Wer nicht nach Kärnten weiterfährt, übernachtet in Heiligenblut inmitten einer großartigen Bergwelt. (Karte S. 88/89.)

Als der junge Ingenieur in den 20er Jahren mit der Planung beauftragt wurde, setzte er sich zum Ziel, von seiner Straße „den Ausblick auf den tief unten vorbeiziehenden Eisstrom der Pasterze und den Großglockner, diese gewaltige Symphonie von Eis und Stein" zu ermöglichen. Mit vielen Kehren paßte er die Trassenführung dem Gelände an, ohne ihm Gewalt anzutun, und plante viele Aussichtspunkte ein. Daß man auf dieser Traumstrecke auch mehrere Klima- und Vegetationszonen durchfährt, erhöht ihre Attraktivität. Die Natur westlich und östlich der Straße ist unter strengen Schutz gestellt, das Gebiet gehört zum *Nationalpark Hohe Tauern* (s. S. 10). Nur die Straße selbst wird – als „Menschenwerk" – nicht dazugerechnet.

Im Vordergrund der Planungen standen nicht verkehrspolitische, sondern touristische Ziele: Man wollte eine „Kunststraße" als Fremdenverkehrsattraktion schaffen. Der Baubeginn wurde wegen fehlender Mittel immer wieder hinausgeschoben, bis man sich in der Zeit der größten Not, als der New Yorker Börsenkrach auch Österreich mit in die Weltwirtschaftskrise riß, doch dazu entschloß, mit dem Projekt die Bauwirtschaft zu unterstützen. Von 1930 bis 1935 bot es 3200 Arbeitern in den Sommermonaten Beschäftigung bei einem verhältnismäßig guten Lohn.

Während der Bauzeit wurde das Unternehmen nicht wenig kritisiert. Eine Wiener Zeitung unkte, daß „die Todesstraße [...] von allen in- und ausländischen Automobilisten gemieden werden" würde. Nach der Eröffnung war die Begeisterung jedoch weltweit und einhellig. Heute gehen die Befürchtungen in die entgegengesetzte Richtung. 1,3 Mio. Besucher schauen jährlich auf die Pasterze. Das läßt Stimmen laut werden, die eine Kontingentierung der Besucherzahlen fordern, um die Belastung der Natur in Grenzen zu halten.

Tip: Wer der Bergwelt die Schadstoffe des eigenen Autos ersparen will, wählt den öffentlichen Bundesbus, der mehrmals täglich von Zell am See über Bruck auf die Franz-Josefs-Höhe und – mit Umsteigen – nach Heiligenblut fährt (und zurück), oder eines der vielen preiswerten Angebote der Reisebüros in den Salzburger Fremdenverkehrsorten. – Noch umweltschonender: das Pferd. Die Reitschule Gantner, 5741 Neukirchen am Großvenediger 335, ☎ (0 65 65) 66 30, bietet von Juli bis August Trekkingtouren mit den geländegängigen Vierbeinern an, u. a. über den „Römerweg" und auf alten Saumpfaden vorbei am Großglockner und hinunter ins Fuschertal zur Traueralm; Kostenpunkt für sechs Tage mit sieben Übernachtungen: ca. 11 000 öS.

Der eigentliche Anfang der Großglockner-Hochalpenstraße liegt in

Bruck an der Großglocknerstraße (4000 Einw.). Die nach einem Brand 1868/69 neugotisch wiederaufgebaute *Pfarrkirche* enthält ein Gnadenbild der Maria, das auf wundersame Weise auf einer Eisscholle die Salzach hinunter nach Bruck gelangt sein soll. Der Wallfahrtsspruch „Maria auf dem Eis be-

8

schützt uns auf der Reis'" paßt gut zum Ausgangspunkt der Reise über die Hohen Tauern, auch wenn die Panoramastraße witterungsbedingt von Anfang November bis Ende April gesperrt ist. Was heute mit Muße und vielen Pausen motorisiert in wenigen Stunden geschafft ist, hat früher zu Fuß und mit Saumpferden Tage voll der Gefahren gedauert. In Bruck nehmen die Kilometersteine der Panoramastrecke ihren Ausgang. Die Zählung in der folgenden Beschreibung stimmt mit deren Angaben überein.

Jede Kurve ein neuer Blick: Großglockner-Hochalpenstraße.

Fusch an der Großglocknerstraße (800 Einw.), 7,3 km, ist der letzte größere Ort vor Heiligenblut. Früher gab es noch ein prominentes Bad Fusch, das aber 1945 abbrannte.

Die Großglockner-Hochalpenstraße folgt weiter der Fuscher Ache. Bei der *Embachkapelle* (1863; 863 m; 10,1 km) beginnt die Bergstrecke, die jedoch nirgendwo mehr als 12 % Steigung aufweist. Nach der *Bärenschlucht* (4021 m; 11,7 km) öffnet sich ein schöner Almboden, die *Ferleiten* (1145 m; 14,5 km). An der Nationalpark-Informationsstelle kann man stehenbleiben, an der Mautstelle muß man: Die nicht geringe Mautgebühr finanziert die kostspielige Schneeräumung, die Wartung der Straße und die Pflege der Natur. Der Wildpark Ferleiten hegt seltene Tiere wie Bären, Wölfe und Luchse (Greifvogelvorführungen, Wildfütterung, Streichelzoo).

Ein Meer von Farben im Nationalpark Hohe Tauern.

Ⓡ **Gasthaus Lukashansl,** Ausflugslokal des Wildparks. Ⓢ

Vorbei am Schleierwasserfall erreicht man über die *Piffalpe* (1400 m; 17,3 km, Parkplatz mit Aussicht) das *Piffkar* (1620 m; 19,3 km, Parkplatz). Hier beginnt der Panoramaweg Piffkar mit Schautafeln zur Flora und Fauna der Region (30 Min.). Der Parkplatz *Hochmais* (21,6 km) bietet die beste

Er fühlt sich pudelwohl im Wildpark Ferleiten.

Aussicht auf das Große Wiesbachhorn (3564 m) mit dem höchsten Steilabfall der Ostalpen.

Zwei Kehren noch, dann geht es in die *Hexenküche* (2058 m; 23 km), ein wildzerklüftetes Bergsturzgebiet. An der *Edelweißwand* (2240 m; 25 km) sind talseits von der Brücke aus Reste des „Römerweges" zu erkennen, der aber fälschlicherweise so heißt, denn es handelt sich um einen Handels- und Transportweg für den Goldbergbau aus dem Mittelalter. Eine Ausstellung im und um das neue *Museum* (26 km) mit Tondiashow erläutert anschaulich ökologische Wechselwirkungen.

Am *Fuscher Törl I* (2394 m; 26,9 km) zweigt die 1,8 km lange Stichstraße zur *Edelweißspitze* (2577 m) ab. Sie wurde mit den 53 000 Schilling gebaut, die der Ingenieur Franz Wallack an Baugeldern eingespart hatte – was für Zeiten! –, und führt zum höchsten Punkt der Glocknerstraße, um dort ein einmaliges Panorama zu präsentieren: 37 Dreitausender und 19 Gletscher wurden gezählt. Der Parkplatz auf der Edelweißspitze ist oft überfüllt, aber der Fußmarsch vom Parkplatz Fuscher Törl I ist in etwa 20 Min. zu bewältigen. Vom Parkplatz *Fuscher Törl II* (2428 m; 27,4 km) hat man einen Ausblick auf den *Brennkogelgletscher*.

Nun geht es abwärts, vorbei an der *Fuscher Lacke* (2262 m; 29,3 km) und durch den 117 m langen *Mittertörltunnel* (2329 m; 30,6 km). Am Mittertörl stoßen der Fuscher und der Rauriser Tauernweg zusammen.

Am *Elendboden* (2338 m; 31 km, Parkplatz) beginnt ein Lehrweg mit Schautafeln zur Geologie im *Nationalpark Beindlkar*. Die beiden Namen erinnern daran, daß in dieser Region die Gebeine von Pilgern gefunden wurden, die 1683 verunglückt waren. 1946 entdeckte ein Wallfahrer einen Bronzedolch aus dem 17. Jh. v. Chr. Auch auf Überreste des Goldbergbaus ist man gestoßen, der in den Hohen Tauern im 16. Jh. seine Blütezeit erlebte – nachzulesen auf der *Tafel „Knappenstube"* (2450 m; 32,5 km). Bei den Bauarbeiten zum 311 m langen *Hochtortunnel* stießen die Arbeiter auf eine Tonlampe und eine Herkulesstatue, den „Paßheiligen" der Römer. Mitten im Tunnel wird die Grenze nach Kärnten passiert. Am südlichen Ende befindet sich ein Parkplatz mit schöner Aussicht (2503 m; 33,4 km).

In *Guttal* (1859 m; 40 km) zweigt die 8,7 km lange Gletscherstraße (eine Stichstraße) zur *Franz-Josefs-Höhe* ab. Ab dem Parkplatz Glocknerhaus wird der Autoverkehr geregelt, da auch der Parkplatz auf der Franz-Josefs-Höhe nur begrenzt aufnahmefähig ist. Aber es hat ohnehin seine Vorteile, das Auto schon hier abzustellen: Am Parkplatz Glocknerhaus beginnt ein markierter Gletscherschaupfad, auf dem man in zwei Stunden – Wanderschuhe und Trittsicherheit vorausgesetzt – entlang des Margaritzen-Speichers und der Gletscherzunge zur Standseilbahn kommt, die 143 Höhenmeter zum Parkplatz Freiwandeck auf der Franz-Josefs-Höhe überwindet. Oben steht der Besucher den Nordabstürzen des * *Großglockners* (3797 m) gegenüber, dem höchsten Berg Österreichs, und sieht auf den rund 10 km langen * *Pasterzegletscher* hinunter, der mit einer Fläche von knapp 20 km^2 der größte in den Ostalpen ist. An seinem Rand verläuft in nordwestlicher Richtung der bequem angelegte *Naturlehrweg Gamsgrube* bis zum Wasserfallwinkel (2,5 km), mit 15 Schautafeln zum Gletscher und der Flora und Fauna des seltenen Biotops der Gamsgrube. Der Nationalpark Hohe Tauern und der Großglockner stehen im Mittelpunkt einer Ausstellung auf der Franz-Josefs-Höhe. Täglich werden Gletscherführungen (auch kurze) angeboten.

Das *Kasereck* (1930 m; 41,9 km, Parkplatz mit Aussicht auf den Großglockner, bergseits Reste des „Römerweges") und das *Mauthaus Heiligenblut* (1700 m; 43,9 km) sind die letzten Stationen, bevor man in

*__Heiligenblut__ (1301 m; 1300 Einw.), 47,8 km, einfährt, das als das „schönste Dorf der Alpen" bezeichnet wird. Es kommt auch wirklich selten vor, daß ein architektonisches Kleinod wie die *Pfarrkirche St. Vinzenz* mit ihrem markanten spitzen Turm in einer so eindrucksvollen Bergkulisse steht – ein Motiv für den Bildkalender.

Das spätgotische Äußere wie die Innenausstattung verdienen gleichermaßen Aufmerksamkeit. Die Kirchweihe erfolgte 1491, der Hochaltar wurde 1520 vollendet. Seine Schöpfer waren Schüler des Michael Pacher, wie Parallelen zu dessen Altären in St. Wolfgang und Gries (bei Bozen) erkennen lassen. Das bis ins Gewölbe aufsteigende Sakramentshäuschen birgt die kostbare Reliquie des Hl. Blutes Christi, für die dieses schöne Bauwerk erstellt wurde. Man fand sie auf wunderbare Weise: Der Legende nach hatte um 900 ein dänischer Prinz Tropfen des Blutes als Geschenk des byzantinischen Kaisers erhalten, war aber auf dem Weg in seine Heimat am Fuß des Großglockners im Schnee umgekommen. Drei Ähren, die aus der Schneedecke wuchsen, machten Bauern auf den Leichnam mit der Reliquie aufmerksam; sie errichteten die erste Kapelle.

ℹ Fremdenverkehrsverband, 9844 Heiligenblut, ☎ (0 48 24) 20 01-13, FAX 20 01-43.

🚌

Ⓗ **Hotel Glocknerhof,** ☎ (0 48 24) 22 44, FAX 22 44-66. Mit eigenem Ferienprogramm. $$
Hotel Sonnenhof, ☎ (0 48 24) 20 48. Landhaus in ruhiger Lage mit schöner Aussicht. $$
Landhaus Lackner, ☎ (0 48 24) 25 85-0, FAX 25 85-4. Gemütliches Haus, 10 Gehminuten von der Ortsmitte entfernt. $
Ⓡ **Panoramagasthof Lärchenhof,** ☎ (0 48 24) 22 62. Familiär geführtes Abendrestaurant. $$
⚠ Nationalparkcamping Großglockner, ☎ (0 48 24) 20 48. Mit 150 Stellplätzen und Gasthaus.

Kletterkünstler im Nationalpark.

Der Großglockner, Österreichs höchster Berg.

Im schönsten Dorf der Alpen: Heiligenblut.

Verspricht viel Spaß, aber keinen schnellen Reichtum: Goldwaschen in Heiligenblut.

8

Route 9

Von wilden und gezähmten Sturzbächen

Zell am See – (Kapruner Tal – Stubachtal –) Neukirchen am Großvenediger – Krimml – Gerlos-Paß (72 km)

Diese Route – Fortsetzung der Route 5 (s. S. 70) – folgt der Salzach zu ihrem Ursprung, immer am Rand des Nationalparks Hohe Tauern entlang. Abstecher in die Seitentäler bringen die Schönheiten der waldreichen Landschaft nahe und machen mit großen technischen Leistungen bekannt. Höhepunkt der Tour, für die man drei Tage einplanen sollte, ist ein gewaltiges Naturschauspiel: die Krimmler Wasserfälle.

Eine gemütliche Alternative zum eigenen Auto bietet die *„Pinzgauer Schmalspurbahn“;* sie folgt dem Salzachtal von Zell am See bis Krimml. Wer auch die Seitentäler sehen will, muß allerdings auf den regelmäßig verkehrenden Bus umsteigen.

Zell am See (s. S. 76).

Abstecher ins Kapruner Tal

Kaprun (2900 Einw.) ist neben Zell am See das zweite Zentrum der „Europa-Sportregion“, die Gelegenheit zu 30 Sportarten auf dem Boden, in der Luft, auf und unter Wasser bietet. Trotz großartiger Bergwelt hat der Fremdenverkehr an der Kapruner Ache noch keine sehr lange Tradition. Der Boom begann mit der Fertigstellung eines Bauwerkes, das normalerweise der Attraktivität eines Tales eher schädlich ist: der Kraftwerksgruppe Glockner-Kaprun. Der in der zweiten Hälfte der 50er Jahre einsetzende Besucherstrom trieb auch die Erschließung des Kitzsteinhorns (3203 m) voran, ein Ganzjahresskigebiet. Im Winter umfaßt die Wintersportregion Kaprun-Zell am See 130 km Pisten und 300 km Loipen.

ℹ Fremdenverkehrsverband, Salzburgerplatz 601, 5710 Kaprun, ☎ (0 65 47) 86 43-0, Fax 81 92.
🚌

Ⓗ **Hotel Sportkristall,** ☎ (0 65 47) 71 34-0, Fax 71 34-50. In sportlicher Hinsicht eher ein Edelstein: Hallenbad mit Schwimmkanal zum Felsenfreibad, Greenfee-Ermäßigung für den Golfklub. $$$
Hotel Rudolfshof, Lechnerdorfgasse 606, ☎ (0 65 47) 71 83-0, Fax 71 83-8. Am Ortsrand im Imbachtal ruhig gelegenes Haus mit Restaurant. $$
Pension Pinzgauer Hof, Sportplatzstr. 458, ☎ (0 65 47) 83 43. Auch Kinder und Haustiere sind gern gesehene Gäste. $
⚠ Camping Zur Mühle, Nikolaus-Gassner-Str., ☎ (0 65 47) 8 25 40. Beim gleichnamigen Gasthof; Schwimmbad.
Ⓡ **Hotelrestaurant Waidmannsheil,** ☎ (0 65 47) 8 24 30. Mit großem Biergarten. $$

Tip: Der *Mont Alpin* organisiert Wanderungen, Kletterkurse u. v. m.: ☎ (0 65 47) 86 81. Die *Burg* aus dem 12. Jh., 1976 vor dem Verfall gerettet, ist im Sommer Schauplatz reger Veranstaltungstätigkeit. Anfang Juli wird ein Burg- und Sommernachtsfest mit kulturellen und musikalischen Darbietungen gefeiert. Beim „Kapruner Hagmoar“ (jeden Fr im Juli/Aug.) messen sich die Urlaubsgäste beim Plattenwerfen, Saututtenstechen, Armbrustschießen und in anderen höchst seltenen Wettkämpfen.

Am südlichen Ortsausgang liegt rechts das *Hauptstufenkraftwerk* (mit Schauräumen, 🕓 tägl. 7–18 Uhr). Kurz darauf ist die Talstation der *Maiskogel-*

Blick auf den Stausee Mooserboden im Kapruner Tal.

bahn (832 m) erreicht. Von der Bergstation (1549 m, schöne Wanderwege) bietet sich eine schöne Aussicht, u. a. auf den majestätischen Großglockner. Noch weiter in die Ferne geht der Blick vom *Kitzsteinhorn* (3203 m): Die Gletscherbahnen, darunter eine alpine U-Bahn (Parkplätze an der Talstation, 7 km von Kaprun), führen über das Alpincenter (2452 m) zur Bergstation (3029 m) am Nordwestgrad des Kitzsteinhorns.

Am *Kesselfall-Alpenhaus* endet die Fahrt mit dem Bundesbus oder dem eigenen Auto. Ein Postautobus verkehrt von dort bis zum Lärchenwand-Schrägaufzug. Oben angelangt heißt es nochmals umsteigen: Werksbusse fahren direkt zum **Stausee Wasserfallboden* (1680 m) und zum **Stausee Mooserboden* (2040 m), einem allerdings nur für trainierte, von Bergführern begleitete Tourenwanderer geeigneten Ausgangspunkt auf umliegende Dreitausender: das Große Wiesbachhorn (3564 m), den Hohen Tenn (3368 m) und das Hohe Riffl (3338 m). (Auffahrt zu den Hochgebirgsstauseen je nach Witterung von Ende Mai bis Anf. Okt. tägl. 8.15–15 Uhr.)

Kraftwerk und Staustufe sind zu Reizwörtern geworden, seit die Bedürfnisse der Wirtschaft und die zunehmende Sorge um die Erhaltung der Natur in ständigem Konflikt miteinander liegen. Doch der Blick auf die beiden Stauseen der Tauernkraftwerke läßt trotz der gewaltigen Umgestaltung der Landschaft manche Vorbehalte vergessen, ja man ist regelrecht in Bann geschlagen. Die Hochgebirgswelt und die technische Leistung sind gleichermaßen atemberaubend. Die ersten Verhandlungen für dieses Projekt, das zum Mythos des österreichischen Aufbaus nach den Weltkriegen wurde, fanden 1929 statt. 1944 ging die Hauptstufe Kaprun mit dem Hilfsspeicher Wasserfallboden in Betrieb. Acht Jahre später war die Hauptstufe mit den Speichern Mooserboden (84,9 Mio. m³ Wasser, 107 m und 112 m hohe Sperren) und Margaritze (3,2 Mio. m³ Wasser, 56 m hohe Sperre), 1955 die Oberstufe mit dem Speicher Wasserfallboden (81,2 Mio. m³ Wasser, 120 m hohe Sperre) fertiggestellt. Beide Kraftwerksstufen sind automatisiert und werden von der Zentralwarte Kaprun aus gesteuert. Die Kraftwerksgruppe Glockner-Kaprun nutzt Abflüsse aus den Einzugsgebieten der Kapruner und Fuscher Ache sowie zwei Seitenbäche der Salzach und der Kärntner Möll.

Uttendorf (2800 Einw.), 21 km. Der kleine Ort mit spätgotischer *Pfarrkirche* und der gotischen *Filialkirche St. Margaretha* mit romanischem Kern (guterhaltene romanische Fresken) ist Ausgangspunkt für einen Abstecher in das

17 km lange Stubachtal, dessen Höhen zum Nationalpark Hohe Tauern (ⓘ am Erlebnis-Badesee) gehören. (Uttendorf – Seilbahnstation am Enzinger Boden.)

Abstecher ins Stubachtal

Das Stubachtal löste Anfang unseres Jahrhunderts mit seiner landschaftlichen Schönheit die Idee eines Nationalparks Hohe Tauern aus.

In den 70er Jahren war es aber schon zu spät, das gesamte Tal in die Schutzzone zu integrieren, da sich die Energiewirtschaft bereits breitgemacht hatte. Erhalten blieb aber z. B. der *Wiegenwald*, ein von Moortümpel durchsetzter Zirbenwald; das seit Jahrhunderten unberührte Biotop darf nur mit

Winterliches Treiben am Kitzsteinhorn.

Führer betreten werden (Anmeldung in Uttendorf, ☎ 0 65 63/82 79, 📠 85 85).

Vom *Enzinger Boden* (1468 m), mit dem gleichnamigen Kraftwerk, schwebt man mit der Seilbahn bequem auf 2310 m hinauf zur Rudolfshütte des Österreichischen Alpenvereins, die auch Unterkunft, Restaurant und Stützpunkt für Ski- und Bergtouren ist (☎ 0 65 63/82 21). Hier beginnen zwei sehr schöne Gletscherlehrwege, die als Rundkurs angelegt sind: Der eine führt zum Südufer des *Weißsees* (2250 m) und zum *Stubacher Sonnblick-Kees* (2500 m; 2,5 Std.), der andere zur *Eisbodenlacke* (2070 m) und zum *Ödenwinkel-Kees* (2150 m; 3,5 Std.). Wer noch höher hinaus will, gelangt mit der Medelzkopfbahn zur Bergstation auf 2550 m.

Zurück an der Salzach ist

Mittersill (5500 Einw.), 28 km, die nächste Station, an der zu halten sich lohnt. Seit dem Mittelalter liegt der Hauptort des oberen Pinzgaus an der Kreuzung zweier wichtiger Verkehrswege. Durch Brände gingen fast alle mittelalterlichen Gebäude verloren. Erhalten haben sich aber *Schloß Mittersill* (16. Jh.), die *Pfarrkirche St. Leonhard* (1747–1749) und die *Annakirche* (1751). Im Ortsteil Felben bilden die spätgotische *Nikolauskirche* (im Kern romanisch), der *Felberturm* (Wohnturm der Herren von Felben aus dem 12. Jh.) und die Bauernhäuser rundherum ein bemerkenswertes Ensemble. Im Felberturm und dem Pinzgauer Bauernhaus ist das umfangreiche *Heimatmuseum* untergebracht.

Neukirchen am Großvenediger (2500 Einw.), 45 km, liegt zu Füßen des *Schlosses Hohenneukirchen,* das bis ins 13. Jh. zurückblickt. Schmucke Häuser drängen sich um die gotische, innen barocke *Kirche* mit ihrem wuchtigen Turm. Der Ort hat viele Preise für seine Ortsbildpflege erhalten; ein zielloser Spaziergang verhilft zu manch reizvoller Entdeckung.

ℹ Fremdenverkehrsverband, 5741 Neukirchen am Großvenediger, ☎ (0 65 65) 62 56-0, 📠 65 50-74. 🚆 Zell am See–Krimml. 🚌

Ⓗ **Jagdschloß Graf Recke,** Wald im Pinzgau, ☎ (0 65 65) 64 17, 📠 69 20. Ein erweiterter historischer Jagdsitz, wovon auch die Speisekarte Zeugnis ablegt: mit allem, was Wald und Wasser zu bieten haben. $$

Hotel Kammerlander, Markt 15, ☎ (0 65 65) 62 31-0, 📠 62 31-12. Mächtiges erweitertes Landhaus; die meisten der komfortablen Zimmer mit direktem Zugang zu einem der blumengeschmückten Balkone. $$

Pension Reichegger, Neukirchen 169, ☎ (0 65 65) 62 89. Zentral gelegenes, familiär geführtes Haus. $

Ⓡ **Gasthof Schiedhof,** Sulzau 115, ☎ (0 65 65) 63 34. Der im rustikalen Stil neuerbaute Gasthof kocht mit Produkten aus der eigenen biologischen Landwirtschaft. $

Trotz des reichlich selbstbewußten Beinamens von Neukirchen ist es noch ein gutes Stück Weg bis zum majestätischen * *Großvenediger.* Am Parkplatz Hopffeldboden im Obersulzbachtal beginnt für erfahrene Alpinisten eine Zwei- bis Dreitagestour über die Berndlalm (1514 m), vorbei am Gletscherlehrpfad, über die Postalm zur Kürsinger Hütte (6 Std.). In weiteren 4,5 Stunden erklimmt man dann den Gipfel des Großvenedigers (3674 m).

Weniger ambitioniert und gemütlicher ist der Ausflug von Neukirchen mit den Wildkogelbahnen auf den *Braunkogel* (2167 m; Skigebiet Wildkogel).

Krimml (900 Einw.), 59 km, hält mit den ** *Krimmler Wasserfällen* den Höhepunkt der Route 9 bereit. Über drei Felsstufen von insgesamt 380 m stürzt die Ache spektakulär auf die Salzach zu. Ein Wanderweg führt am von Wald gesäumten Wasser entlang. Aussichtskanzeln stehen so nahe an der Gischt, daß man vom Wasserstaub umnebelt wird – ein großartiges Naturschauspiel. Vom Wasserfallparkplatz bis oberhalb der dritten und höchsten Fallstufe geht man ca. 75 Minuten. Wer gut zu Fuß ist, wandert durch das Krimmler Achental bis zum Krimmler Tauernhaus (1622 m, bewirtschaftet, weitere 90 Min.) oder gar bis zum Talschluß am Gletscherrand des Krimmler Kees auf etwa 2000 m (nochmal 2,5 Std.). Dort ist man eher unter sich, was man bei den Fällen nicht behaupten kann: An Spitzentagen drängen sich dort 9000 Besucher.

Die wehrhaften Mauern von Schloß Mittersill.

ℹ Fremdenverkehrsverband, Gemeindehaus, 5743 Krimml, ☏ (0 65 64) 2 39-0, FAX 5 50.
Zell am See–Krimml.

Ferienhotel Krimmlerfälle, Oberkrimml 42, ☏ (0 65 64) 203, FAX 473. Für jede Wetterlage in den Bergen: Sonnenterrasse, Kaminstube, Schwimmbad drinnen und draußen. ($)
Hotel Klockerhaus, Oberkrimml 10, ☏ (0 65 64) 2 08, FAX 4 82. Am Ortsrand von Krimml, mit Blick auf die Wasserfälle. ($)
Pension Graber, Oberkrimml 89, ☏ (0 65 64) 2 55. Fitneßraum für die Großen, großes Spielzimmer für die Kleinen. ($)
⚠ SNP Camping, 5742 Wald, ☏ (0 65 65) 84 46. Kleiner, familiärer Platz mit sehr persönlicher Betreuung.

Mit Getöse in die Salzach: die Krimmler Wasserfälle.

Am Ortsausgang von Krimml liegt die Mautstelle der *Gerlos-Paß-Straße,* die durch die Bergwelt der Kitzbüheler Alpen führt. Nach mehreren Kehren wird die Gerlosplatte (Skimanege Hochkrimml-Gerlosplatte) umrundet. Im nördlich gelegenen Skigebiet Almdorf-Königsleiten entspringen die Salzachquellen. Beim Speichersee Durlaßboden (Segelmöglichkeit) jenseits des Gerlos-Passes (1507 m) erreicht man das Bundesland Tirol (72 km).

Pause beim Jagatee: Stilleben am Kitzsteinhorn.

9

Praktische Hinweise von A–Z

Ärztliche Versorgung

Nicht alle Ärzte und Krankenhäuser behandeln auf Auslandskrankenschein. Wer in einer gesetzlichen Krankenkasse versichert ist, sollte sich deshalb vor der Reise bei seiner Krankenkasse neben dem Auslandskrankenschein auch ein Merkheft mit den Adressen der Kassenärzte besorgen.

Ärzte-Bereitschaftsdienst (nur Sa, So und Fei) für Stadt und Land: ☏ 1 41.

Bedienungs- und Trinkgelder

Auch wenn in der Rechnung bereits ein Bedienungszuschlag enthalten ist, erwarten Kellner ein Trinkgeld. Stimmt der Service, sind 10 % der Rechnungssumme nicht zuviel. Ebenso hoch sollte man das Trinkgeld für Taxifahrer und Friseure ansetzen. Trinkgeld erwarten außerdem Rezeptionisten (etwa für die Besorgung von Theaterkarten), Zimmermädchen und Tankwarte.

Behinderte

Für Fragen und Hilfestellungen stehen zur Verfügung: Lebenshilfe Salzburg, Gerhart-Hauptmann-Str. 30,
☏ (06 62) 82 09 84-0, 82 03 17-0.
Österreichischer Zivilinvalidenverband, Landesgruppe Salzburg, Haunspergstr. 39, ☏ (06 62) 5 10 44-0
(Mo, Mi, Fr 10–13 Uhr).

Bei den Fremdenverkehrsbetrieben der Stadt Salzburg (s. S. 93) ist ein Behindertenführer erhältlich.

Camping

Das Salzburger Land verfügt über zahlreiche gute Campingplätze. Bei der Österreich-Information oder der Salzburger Land Tourismus Ges. (Adressen s. S. 93) können ausführliche kostenlose Verzeichnisse angefordert werden.

Diplomatische Vertretungen

Bundesrepublik Deutschland:
Generalkonsulat, Bürgerspitalplatz 1,
5020 Salzburg, ☏ (06 62) 84 15 91-0,
FAX 84 15 91 85.
Schweiz:
Botschaft, Prinz-Eugen-Str. 7,
1030 Wien, ☏ (02 22) 79 50 50,
FAX 7 95 05-21.

Einkaufen

Ein beliebtes Mitbringsel aus Salzburg sind die Mozartkugeln, die man auch allerorten in den Schaufenstern zu sehen bekommt. Die originalen erhält man allerdings nur in der Stadt Salzburg: In der Konditorei Fürst, Brodgasse 13 sowie Mirabellplatz 5 und Roseggerstraße 25 werden sie nach Urgroßvaters Rezept von Hand gefertigt – Paul Fürst war der „Erfinder" der in aller Welt bekannten Leckerei. Da die maschinell hergestellten Kugeln der Firma Mirabell dem Original am nächsten kommen, dürfen sie sich „die echten Salzburger Mozartkugeln" nennen.

Wirkliche Handwerkskunst ist unter all dem Kitsch der Souvenirshops nicht leicht zu finden. Eine gute Auswahl an Keramik, Geschnitztem, schönen Stoffen, Trachten u. v. a. bietet das Salzburger Heimatwerk, Residenzplatz 9; hier werden im Sommer oft auch verschiedene Handwerkstechniken vorgeführt. Filialen gibt es im Salzburger Freilichtmuseum in Großgmain und im Kammerlanderstall in Neukirchen.

Eine typische und nicht nur in Österreich sehr populäre Keramik ist das Gmundner, vor allem das grüngeflammte Steingutgeschirr, das in den meisten Porzellan-Fachgeschäften verkauft wird. Wer im Rahmen seiner Reise bis nach Gmunden kommt, kann in der Fabrik einkaufen: Keramikstr. 24, ☏ (0 76 12) 54 41-0.

Trachtengeschäfte gibt es natürlich zuhauf im Salzburger Land. Gutes ist entsprechend teuer und Originales nicht so einfach zu bestimmen. Wer sich ein wenig historische Vorkenntnis vor dem Einkauf aneignen will, besucht in Salzburg das Trachtenmuseum in der Griesgasse 23/I (🕓 Mo–Fr 10–12, 14 bis 17, Sa 10–12 Uhr).

Einreise

Bürger der Bundesrepublik Deutschland und der Schweiz benötigen nur einen gültigen Personalausweis oder Reisepaß.

Feiertage

1. Januar. – 6. Januar (Dreikönigsfest). – Ostermontag. – 1. Mai (Tag der Arbeit). – Christi Himmelfahrt. – Pfingstmontag. – Fronleichnam. – 15. August (Maria Himmelfahrt). – 26. Oktober (Nationalfeiertag). – 1. November (Allerheiligen). – 8. Dezember (Maria Empfängnis). – 25./26. Dezember.

Fundamt in der Stadt Salzburg

Bundespolizeidirektion, Alpenstraße 90, ☎ (06 62) 63 83-23 30.

Geld und Devisen

Die österreichische Währung ist der Schilling (öS). 1 öS = 100 Groschen (g). Im Umlauf sind Banknoten zu 5000, 1000, 500, 100, 50 und 20 öS sowie Münzen zu 20, 10, 5 und 1 öS, 50, 10 und 5 g. Der Wechselkurs ist relativ konstant: 1 DM = ca. 7 öS, 100 öS = ca. 14 DM oder ca. 12 sfr.

Die Ein- und Ausfuhr von österreichischen Banknoten und von Fremdwährung ist in unbeschränkter Höhe erlaubt.

Am günstigsten wechselt man in *Banken.* Hotels und Restaurants wechseln in der Regel zu einem schlechteren Kurs. *Bankomaten* findet man vor vielen Bankfilialen. Eurocheques und die meisten internationalen Kreditkarten werden in Banken, Hotels, Restaurants, von Mietwagenfirmen und in vielen Geschäften akzeptiert.

Information

Informationen vor der Reise erhält man in Deutschland bei der *Österreich-Information* in 82024 Taufkirchen bei München, Rotwandweg 4, ☎ (0 89) 66 67 01 00, 📠 66 67 02 00. In der Schweiz wendet man sich an die *Österreich-Werbung* in 8036 Zürich, Zweierstr. 146, ☎ (01) 4 51 15 51, 📠 4 51 11 80. In Österreich erhält man alle Informationen bei der *Österreich-Werbung* in 1040 Wien, Margaretenstraße 1, ☎ (02 22) 5 88 66-0, 📠 5 88 66-20. Sie halten nicht nur allgemeine Informationen zu Österreich und seinem touristischen Angebot, sondern Ortsprospekte und Unterkunftsverzeichnisse zu jeder einzelnen Fremdenverkehrsgemeinde bereit.

Man kann sich auch schriftlich oder telefonisch an die Tourismusorganisation des Salzburger Landes bzw. der Stadt Salzburg wenden, wenn man spezielle Informationen braucht.

Salzburger Land Tourismus Ges.m.b.H., Alpenstr. 96, 5033 Salzburg, ☎ (06 62) 62 05 06-0, 📠 62 30 70. Fremdenverkehrsbetriebe der *Stadt Salzburg,* Auerspergstr. 7, 5020 Salzburg, ☎ (06 62) 8 89 87-0, 📠 8 89 87-32. Für das *oberösterreichische und steirische Salzkammergut* ist zuständig: Tourismusregion Salzkammergut, Kreuzplatz 23, 4820 Bad Ischl, ☎ (0 61 32) 69 09-0.

Informationsstellen in Salzburg: Mozartplatz 5, ☎ 84 75 68, 8 89 87-3 30, -3 31 (ganzjährig). – Fremdenführervermittlung, ☎ 8 89 87-3 32, 📠 8 89 87-3 42. – Hauptbahnhof, Bahnsteig 10, ☎ 87 17 12, 87 36 38 (ganzjährig). – Salzburg-Mitte, Münchner Bundesstraße 1, ☎ 43 22 28, 43 31 10 (ganzjährig). – Salzburg-Süd, Park&Ride-Parkplatz, Alpensiedlung-Süd, Alpenstraße, ☎ 62 09 66, 8 89 87-335 (ganzjährig). – Salzburg-

Nord, Autobahnstation Kasern, ☏ 66 32 20, 8 89 87-3 34 (April bis Oktober). – Salzburg-West, Flughafen, Innsbrucker Bundesstraße 95 (BP-Tankstelle), ☏ 85 24 51, 8 89 87-3 36 (April bis Oktober).

Jugendherbergen

24 Jugendherbergen sind über Salzburg Stadt und Land sowie das Salzkammergut so günstig verteilt, daß man sie gut als Ausgangspunkte zur Erkundung des Landes auswählen kann.

Allgemeine Informationen und Verzeichnisse erhält man bei: ÖJHV-Salzburg, 5020 Salzburg, Josef-Preis-Allee 18, ☏ (06 62) 84 26 74-0. ÖJHW-Salzburg, 5020 Salzburg, Kaigasse 26, ☏ (06 62) 84 11 65.

Notruf

Polizei: ☏ 1 33.
Feuerwehr: ☏ 1 22.
Ambulanz, Notarztwagen („Rettung“): ☏ 144.
Pannenhilfe: ☏ 1 20 (ÖAMTC), 1 23 (ARBÖ).

Öffnungszeiten

Banken: Mo–Fr 8–12.30 und 13.30–15 Uhr, Do bis 17.30 Uhr.

Geschäfte: meist Mo–Fr 8–12 und 15 bis 18 Uhr, Sa 8–12 Uhr. Lebensmittelgeschäfte öffnen meist früher. In größeren Orten ist die Mittagspause teilweise kürzer. In der Stadt Salzburg haben die meisten Geschäfte keine Mittagspause und an einem Tag der Woche sowie am ersten Samstag des Monats länger geöffnet.

Museen: Die Öffnungszeiten in den Museen sind sehr unterschiedlich. Häufig ist Montag geschlossen. Manche Museen außerhalb Salzburgs sowie andere Sehenswürdigkeiten wie z. B. Höhlen sind nur im Sommer zugänglich. Man erkundige sich zur Sicherheit telefonisch beim örtlichen Verkehrsbüro.

Post

Postämter sind Mo–Fr 8–12 und 14–18 Uhr (Kassenschluß 17 Uhr) geöffnet, in größeren Städten haben manche Postämter auch Sa 8–10 Uhr oder länger geöffnet. Das Postamt im Salzburger Hauptbahnhof hat täglich 0–24 Uhr geöffnet (nicht alle Dienste).

Postgebühren: Porto für Postkarten im Inland 5,50 öS, ins Ausland 6 öS, Standardbrief im Inland 6 öS, ins Ausland 7 öS. Briefmarken erhält man auf Postämtern und in Tabaktrafiken.

Telefon

Telefonieren kann man von Postämtern und von Münzfernsprechautomaten. Immer zahlreicher werden Telefonzellen, in denen man mit Telefonkarten (zu 50 und 100 öS in jedem Postamt erhältlich) telefonieren kann. Bei älteren Münztelefonen muß der Zahlknopf gedrückt werden, wenn sich der angewählte Fernsprechteilnehmer meldet, sonst wird die Verbindung unterbrochen. Vorwahl Deutschland 00 49, Schweiz 00 41 (danach Ortsvorwahl ohne die „0“ und Teilnehmernummer). Österreich hat die Vorwahl 00 43, danach wählt man die Ortsvorwahl ohne die „0“, danach die Teilnehmernummer. Telefonauskunft in Österreich: ☏ 08.

Zoll

Für *Deutsche* gibt es seit dem Eintritt Österreichs in die EU im Reiseverkehr keine Mengenbegrenzung mehr.

Für Schweizer gilt bei der Einreise nach Österreich: Zollfrei sind pro Person über 17 Jahre 200 Zigaretten (oder 50 Zigarren oder 250 g Tabak), 2 l alkoholische Getränke unter 22 Vol.- %, 1 l Spirituosen über 22 Vol.- %, Geschenke bis zum Gesamtwert von 2500 öS.

Bei der Wiedereinreise in die Schweiz: Zollfrei sind Gegenstände des persönlichen Bedarfs und Tabakwaren wie oben; 2 l alkoholische Getränke unter 15 °, außerdem Geschenke bis zum Gesamtwert von 200 sfr.